Limba modernă 2 Chineză

现代语言

2 中文
学生用书

Manual

3

本册主编
曹瑞红
〔罗〕Ana-Maria Dimulescu（安娜）

本册编者
宋春香　朱远勍　张春雪

中国教育出版传媒集团
高等教育出版社·北京

图书在版编目（CIP）数据

现代语言．2．中文．学生用书．3／（罗）白罗米，李立总主编．-- 北京 ：高等教育出版社，2025．9．
ISBN 978-7-04-064991-8

Ⅰ．H195.4

中国国家版本馆 CIP 数据核字第 2025EY6121 号

XIANDAI YUYAN 2 ZHONGWEN XUESHENG YONGSHU 3

策划编辑 李欣欣	责任编辑 李欣欣	封面设计 王 鹏		版式设计 张丽南
责任校对 杨 漾	责任印制 赵义民			

出版发行	高等教育出版社	网 址	http://www.hep.edu.cn
社 址	北京市西城区德外大街 4 号		http://www.hep.com.cn
邮政编码	100120	网上订购	http://www.hepmall.com.cn
印 刷	北京盛通印刷股份有限公司		http://www.hepmall.com
开 本	889mm×1194mm 1/16		http://www.hepmall.cn
印 张	8.75		
字 数	180 千字	版 次	2025 年 9 月第 1 版
购书热线	010-58581118	印 次	2025 年 9 月第 1 次印刷
咨询电话	400-810-0598	定 价	98.00 元

前言

出版背景

罗马尼亚中文教育历史悠久。自 1956 年布加勒斯特大学开设中文专业，到 2005 年第一所孔子学院建立，再到 2017 年中文纳入基础国民教育体系，罗马尼亚中文教育从无到有、从快速发展向纵深发展。现阶段，研发本土教材是罗马尼亚中文教育的重要课题。

适用对象

《现代语言 2 中文》是为罗马尼亚中学中文学习者编写、供基础教育阶段教学使用的系列教材，共 4 册，本册为第三册。该系列教材适用于将中文作为第二外语教学的零基础高中中文课程，建议每周 2 课时，每学年使用一册。

编写特色

教材最大的特色是国别化和本土化，严格参照罗马尼亚教育部颁布的中文教学大纲编写，涵盖大纲中的语言点和中华文化知识点；同时参考中国颁布的首个面向外国中文学习者的《国际中文教育中文水平等级标准》以及罗马尼亚国家教育政策和评估中心颁布的《教材评审工作任务书》，力求符合国际中文教育的科学规律和罗马尼亚国民教育体系对外语教材的要求以及当地的语言政策。

教材根据罗马尼亚中学生的学习特点、当地学校的中文课程设置及学时安排编写，词汇、话题和情景都进行了本土化处理，与学生日常生活息息相关。同时设置了丰富的练习和活动，以期更好地激发学生学习兴趣，实现所学即有用、所学即能用、所学即会用。

中罗专家合编、出版社深度参与是本套教材的另一个特色。本套教材由罗马尼亚布加勒斯特大学外国语言与文学学院东方语言与文学系白罗米（Luminiţa Bălan）和中国政法大学李立两位教授担任总主编，参编团队成员既有罗马尼亚布加勒斯特大学中文专业的汉学专家木固烈（Mugur Zlotea）和中学本土教师安娜（Ana-Maria Dimulescu），也包括拥有丰富当地教学经验的 4 位中国外派教师：曹瑞红、王茗仲玥、徐茹钰、周玲玲，还包括中国政法大学国际教育学院教师。此外，中国高等教育出版社的专家和编辑们以极高的专业水平、精益求精的工作态度保障了教材的质量。

教材体例

针对罗马尼亚当地学校的中文课程设置及学时安排，本系列教材包括学生用书和配套练习册，教师手册、录音、翻译及参考答案等可通过扫描本书封底的二维码获取。每册教材根据话题设 6 个单元，每单元 2 课，共 12 个正课，外加两个复习课，全书共 14 课。

每单元设计了单元自评，通过"我会认""我会说""我会写""我知道"四个环节供学生对本单元词汇、句型、汉字和文化知识进行自测。复习课的课文以篇章的形式复现了所学内容的主题表达、词语与语言点，练习题涉及听、说、读、写多个方面。

每课参考学时为 2—3 学时。正课以交际场景为中心，设置了热身、课文、词语、语言应用、跟我读、活动与练习、写一写、你知道吗八个板块。主要涵盖以下几方面内容：

（一）导入：热身部分可用于课堂导入，其编写理念是"以旧带新"，为学生本课的学习做准备。教师可根据学生情况，灵活补充或拓展相关主题下的词汇。

（二）课文：旨在培养学生交际、阅读能力。课文的词汇和情景都与学生日常生活密切相关。教师可以对部分词语进行挖空处理，鼓励学生模仿课文结构，产出类似主题的对话，激发其学习乐趣。

（三）语法：考虑到中罗语言的差异，根据由易到难的习得顺序，对语言点进行了筛选及解释。

（四）活动与练习：提供了听与读、输入与输出相结合的练习材料。在课文生词之外，根据教学需求还提供了与本课话题相关的"补充词语"，在目录、单元自评和附录中以"*"标记，补充词语在后文出现时作为复现词语处理。

（五）文化：用罗马尼亚语介绍简单、有趣的中国文化知识，且尽量选取与本课内容相关的文化点，以加强学生对语言文化的理解，初步培养其跨文化交流意识。

致谢

本教材的编写和出版，离不开中外语言交流合作中心、中国高等教育出版社、罗马尼亚布加勒斯特大学外国语言与文学学院东方语言与文学系中文专业、中国政法大学、布加勒斯特大学孔子学院的大力支持。北京外国语大学的董希骁教授审读了本教材的罗马尼亚语翻译，并提出了宝贵意见。对此，我们表示特别的感谢！

最后，我们衷心希望使用本系列教材的教师和同学们给我们提出宝贵的意见和建议，帮助我们不断改进、完善。

白罗米（Luminiţa Bălan）李立

2025 年 3 月

Prefață

Contextul publicării manualului

Predarea limbii chineze în România are o istorie îndelungată. Din anul 1956, când a fost înființată catedra de limba chineză a Universității din București, până în anul 2005, când a fost înființat primul Institut Confucius și apoi până în anul 2017, când limba chineză a fost introdusă în programa națională de învățământ, predarea limbii chineze a cunoscut o dezvoltarea rapidă, dar și profundă totodată. În etapa actuală, elaborarea manualelor locale de limba chineză reprezintă un proiect extrem de important pentru predarea limbii chineze din România.

Cui se adresează manualele

Seria *Limba modernă 2 – Limba chineză* cuprinde patru volume destinate elevilor români de liceu, care studiază limba chineză ca limba a doua, cu începere de la nivelul 0. Se recomandă folosirea fiecărui volum pentru câte un an de studiu, cu două ore pe săptămână.

Caracteristicile elaborării manualului

Caracteristica principală a acestor manuale este adaptarea locală, ceea ce a determinat o integrare a aspectelor de limbă și cultură chineză în conformitate cu *Programa școlară de predare a limbii chineze,* emisă de Ministerul Educației din România. În același timp, au fost consultate *Standardele internaționale de competență lingvistică pentru învățarea limbii chineze*, primul document emis în China, adresat celor care studiază limba chineză, precum și *Caietul de sarcini*, emis de Centrul Național de Politici și Evaluare în Educație din cadrul Ministerului Educației din România. Scopul acestui demers este acela de a se respecta principiile științifice ale predării limbii chineze în străinătate, precum și cerințele privind materialele didactice pentru limbile străine din sistemul național de învățământ și politica lingvistică din România.

Manualele sunt elaborate în concordanță cu deprinderile de învățare ale elevilor români, cu proiecția orelor de limba chineză și timpul alocat și, de aceea, vocabularul, temele și contextul au fost alese conform specificului local, având legătură cu viața cotidiană a elevilor. În același timp, au fost concepute exerciții și activități cu un conținut bogat, care să stimuleze interesul elevilor și să îi determine să aplice cunoștințele dobândite.

Colaborarea dintre specialiștii chinezi și cei romăni, precum și implicarea profundă a editurii reprezintă o altă caracteristică a acestei serii de manuale. Coordonatori sunt prof. Luminița Bălan, de la secția de limba chineză a Facultății de Limbi și Literaturi Străine din cadrul Universității din București, precum și prof. Li Li, de la Universitatea de Studii Politice și Drept, din China. Din echipa de autori fac parte conferențiar dr. Mugur Zlotea și profesoara Ana-Maria Dimulescu, la care se adaugă 4 profesori cu experiență în predarea limbii chineze în România: Cao Ruihong, Wang Mingzhongyue, Xu Ruyu, Zhou Lingling, și profesori de la Facultatea de Pedagogie, din cadrul Universității de Știinţe Politice și Drept, din China. Profesionalismul specialiștilor și redactorilor de la Editura pentru Învățământ Superior din China reprezintă o garanție a nivelului științific ridicat.

Organizarea manualelor

În conformitate cu organizarea orelor de limba chineză și timpul alocat, în școlile locale, pentru fiecare an este disponibil câte un manual, însoțit de caietul de exerciții, manualul profesorului, suportul audio, traducerile și răspunsurile la exerciții, care pot fi obținute prin scanarea codului QR aflat pe spatele manualului. Fiecare manual cuprinde 6 unități tematice, fiecare dintre acestea având câte două lecții. În total sunt 12 lecții, la care se adaugă două lecții recapitulative.

Fiecare unitate cuprinde *Exerciții de auto-evaluare*, cu secțiuni precum *Recunosc următoarele*, *Știu să spun*, *Știu să scriu* și *Cunosc*, care le permit elevilor să verifice cunoașterea vocabularului, structurilor, caracterelor și cunoștințelor de cultură din respectiva unitate. În cadrul lecțiilor de recapitulare, sunt revizuite, pe secțiuni, expresiile, vocabularul și gramatica, în legătură cu tema studiată.

Fiecare lecție este concepută pentru a fi studiată în 2 sau 3 ore. Lecțiile sunt centrate pe comunicare și cuprind opt secțiuni, precum *Exercițiu introductiv*, *Text, Cuvinte, Gramatică, Citiți după mine*, *Activități și exerciții*, *Exercițiu de scriere*, *Știați că...*

1. Introducere: Partea de exerciții introductive poate fi folosită în clasă, la începutul lecției, principiul după care a fost concepută fiind pregătirea lecției noi prin utilizarea elementelor deja învățate, ca introducere a elementelor noi. În funcție de situația concretă a clasei, profesorul poate alege să facă o serie de completări sau să extindă vocabularul legat de tema în discuție.

2. Text: se urmărește dezvoltarea capacității de comunicare și lectură a elevilor. Vocabularul și contextul situațional au legătură cu viața cotidiană a acestora. Profesorul poate decide exersarea suplimentară a unor cuvinte, pentru a-i încuraja pe elevi să construiască propoziții pe modelul

structurilor din text şi dialoguri similare, sporindu-le interesul pentru studiu.

3. Gramatică: problemele de gramatică au fost selectate şi prezentate, luându-se în considerare diferenţele dintre limba română şi limba chineză, cu o dispunere adecvată a gradului de dificultate.

4. Activităţi şi exerciţii: au fost elaborate exerciţii care vizează audiţia şi citirea, care se bazează pe acumulare de cunoştinţe şi folosire adecvată. Pe lângă vocabularul lecţiei, au fost adăugate şi cuvinte suplimentare, în funcţie de cerinţele didactice şi de tema lecţiei studiate. Aceste cuvinte sunt marcate cu simbolul * în Cuprins, Auto-evaluare şi Anexe, astfel încât pot fi identificate cu uşurinţă.

5. Cultură: sunt prezentate pe scurt, în limba română, diverse informaţii interesante despre cultura chineză. În alegerea temelor s-a avut în vedere apropierea de conţinutul lecţiilor, în aşa fel încât să se ofere elevilor posibilitatea de a înţelege mai bine aspectele de limbă şi cultură şi, totodată, să se cultive capacitatea lor de abordare interculturală.

Mulţumiri

Dorim să adresăm mulţumiri în mod deosebit Centrului Chinez pentru Cooperare Lingvistică cu Străinătatea, Editurii pentru Învăţământ Superior din China, secţiei de limba chineză a Facultăţii de Limbi şi Literaturi Străine şi Institutului Confucius din cadrul Universităţii din Bucureşti. Elaborarea şi publicarea acestui set de manuale nu ar fi fost posibile fără susţinerea masivă a acestora. Profesorul Dong Xixiao, de la Universitatea de Studii Străine din Beijing, a revizuit traducerea în limba română, din manuale, şi a formulat sugestii preţioase.

În final, ne exprimăm speranţa ca elevii şi profesorii care vor folosi acest set de manuale să ne transmită opiniile lor, ajutându-ne astfel să le îmbunătăţim continuu.

Luminiţa Bălan, Li Li

martie 2025

人物介绍
Prezentarea personajelor

● 故事背景 Context

米哈伊、埃列娜、米鲁娜是同班同学，都在布加勒斯特"62 号中学"读书。丁老师是他们的中文老师。

Mihai, Elena și Miruna sunt colegi de clasă și învață la Școala Gimnazială nr. 62 din București. Doamna Ding este profesoara lor de limba chineză.

● 人物关系 Relațiile dintre personaje

米哈伊 Mihai

罗马尼亚人，15 岁。他家有五口人，父母和米鲁娜父母是好朋友。妈妈是医生，40 岁；爸爸是商人，45 岁。米哈伊喜欢吃中国菜，喜欢踢足球、打乒乓球，喜欢鸟和鱼。

Mihai este român și are 15 ani. Provine dintr-o familie cu 5 membri, iar părinții lui sunt buni prieteni cu părinții Mirunei. Mama lui este medic, are 40 de ani, iar tatăl este om de afaceri și are 45 de ani. Lui Mihai îi plac mâncarea chinezească, fotbalul și tenisul de masă și, de asemenea, îi plac păsările și peștii.

埃列娜 Elena

罗马尼亚人，16 岁，生日是 3 月 23 号。她家有七口人，除了爸爸、妈妈、哥哥、姐姐，还有爷爷和奶奶。她爸爸是护士，爱好运动，最喜欢游泳和打篮球，会说中文。她妈妈是经理，在办公室工作。埃列娜喜欢吃中国菜，喜欢画画儿，喜欢打篮球，但是不会游泳，喜欢大熊猫、鸟和鱼。

Elena este româncă, are 16 ani și locuiește în București, iar ziua ei de naștere este pe 23 martie. Familia ei are șapte membri. În afară de tata, mama, fratele mai mare și sora mai mare, mai sunt bunicul și bunica. Tatăl ei, cunoscător de limba chineză, este asistent medical și este pasionat de sport, mai ales de înot și baschet. Mama ei este manager și lucrează la birou. Ei îi place să mănânce mâncare chinezească, să deseneze și să joace baschet, însă nu știe să înoate. Elenei îi mai plac urșii panda, păsările și peștii.

米鲁娜 Miruna

罗马尼亚人，16 岁，生日是 2 月 26 号。家里有三口人，爸爸是医生，妈妈也是医生。米鲁娜的爷爷奶奶在雅西。米鲁娜有一只小狗，叫 Puffy，还有一只小猫，叫 Lucky。米鲁娜最喜欢跳舞，也喜欢爬山，喜欢的动物是大熊猫和鸟。

Miruna este româncă, are 16 ani, locuiește în București; ziua ei de naștere este pe 26 februarie. Familia ei are 3 membri, iar ambii părinți sunt medici. Bunicii Mirunei, din partea tatălui, locuiesc la Iași. Miruna are un cățeluș pe nume Puffy și o pisicuță pe nume Lucky. Mirunei îi place foarte mult să danseze și să meargă pe munte. Animalele ei preferate sunt urșii panda și păsările.

艾米丽 Emily

美国人，16 岁，米鲁娜的网友。

Are 16 ani, este din Statele Unite ale Americii și s-a împrietenit cu Miruna pe internet.

丁老师 Profesoara Ding

中国人，现在生活在罗马尼亚，是"62 号中学"的中文老师，今年 36 岁。

Este chinezoaică, dar acum trăiește în România. Este profesoară de limba chineză la Școala Gimnazială nr. 62. Anul acesta împlinește 36 ani.

目录

	标题	学习目标
第一单元 **身体状况**	第1课 我身体不舒服。 P 3	1. 能简单表达身体不舒服。 2. 学会用介词"跟"引出对象。 3. 学会用语气助词"吧"表示建议。 4. 掌握后缀"子"的读法。 5. 学会书写病字头（疒）以及汉字"病"和"疼"。 6. 了解"桃园三结义"的故事。
	第2课 医院离学校远吗? P 11	1. 学会去医院探望病人的相关表述。 2. 学会用动词"离"表示距离。 3. 学会电话号码的表达。 4. 学会用副词"不用"委婉拒绝提议。 5. 掌握后缀"们"的读法。 6. 学会书写金字旁（钅）以及汉字"钱"和"钟"。 7. 了解中医和中药。
第二单元 **周末活动**	第3课 你星期天常常干什么? P 21	1. 能就周末安排进行简单问答。 2. 学会用副词"常""常常"表示行为、动作发生的次数较多。 3. 学会用连词"还是"表示选择。 4. 学会用能愿动词"能"表示请求、希望获得许可。 5. 学会用"请"的祈使句。 6. 理解含有"电"的常用词语。 7. 学会书写食字旁（饣）以及汉字"饭"和"饿"。 8. 了解哪吒以及相关的故事。
	第4课 今天天气怎么样? P 29	1. 能简单谈论天气。 2. 学会用疑问代词"怎么样"进行询问。 3. 学会用副词"非常"表示程度。 4. 学会用副词"太"表示程度。 5. 理解含有"天"的常用词语。 6. 学会书写四点底（灬）以及汉字"点"和"热"。 7. 了解二十四节气。
第三单元 **我的朋友**	第5课 她比我高。 P 39	1. 能简单描述人的外貌（一）。 2. 学会用副词"真"表示程度较深。 3. 学会"比"字句的基本用法。 4. 理解含有"看"的常用词语。 5. 学会书写左耳旁（阝）以及汉字"阳"和"院"。 6. 了解丝绸与丝绸之路。
	第6课 我朋友的头发是黄色的。 P 47	1. 能简单描述人的外貌（二）。 2. 学会用"的"字短语表示省略中心语的名词性短语。 3. 学会用"是"字句表示归属或分类。 4. 理解含有"人"的常用词语。 5. 学会书写足字旁（𧾷）以及汉字"路"和"跑"。 6. 了解"高山流水"的故事。

复习课1　P 55

词汇	语言点	主要句型	汉字	文化
头疼　身体 舒服　跟　请假 看病　吧　生病 学校　门口 车站　坐 公共汽车　行 发烧 *	① 介词：跟 ② 语气助词：吧	① 我去跟老师请假。 ② 你去看病吧。	病字头（疒）： 病　疼	桃园三结义
离　远　近 分钟　电话 号码　可以　给 打电话　喂　位 不用　感觉	① 动词：离 ② 电话号码的表达 ③ 副词：不用	① 医院离学校远吗？ ② 她的电话号码是 　 0753538265。 ③ 你们不用来了。	金字旁（钅）： 钱　钟	中医和中药
常常　干　常 还是　电影院 能　进来　请 进　周末　课文 听写	① 频率、重复副 　词：常、常常 ② 连词：还是 ③ 能愿动词：能 ④ 有"请"的祈 　使句	① 我常去踢足球。 ② 你在家看还是去电 　影院看？ ③ 我能进来吗？ ④ 请进!	食字旁（饣）： 饭　饿	哪吒
天气　怎么样 白天　雨　冷 非常　穿　件 衣服　晴天 太　热　出去 阴天　下雨 先　再　中国菜	① 疑问代词：怎 　么样 ② 程度副词：非常 ③ 程度副词：太	① 今天天气怎么样？ ② 今天白天有雨，非 　常冷。 ③ 太热了，我不想 　出去。	四点底（灬）： 点　热	二十四节气
男孩儿　真　帅 个子　高　眼睛 好看　漂亮 女孩儿　比 高中生　时候 头发　短　长 * 大象 *　长颈鹿 * 脖子 *	① 程度副词：真 ② "比"字句	① 左边的男孩儿真帅! ② 她比你高。	左耳旁（阝）： 阳　院	丝绸与丝绸 之路
黄色　黑 白　瘦　胖 网友　干净 房子　新　教室	① "的"字短语 ② "是"字句：表 　示归属或分类	① 我朋友的头发是黄 　色的。 ② 这是我网友的 　（家）。	足字旁（𧾷）： 路　跑	高山流水

后来 *

	标题	学习目标
第四单元 **旅行——** **交通**	**第7课** 我们是坐火车去的。 P 59	1. 能简单描述出行的交通工具。 2. 学会用助词"了"表示动作的完成。 3. 学会用"是……的"句强调方式。 4. 理解含有"好"的常用词语。 5. 学会书写双人旁（彳）以及汉字"很"和"行"。 6. 了解中国古典园林。
	第8课 我只坐了四个半小时。 P 67	1. 能简单描述乘坐交通工具的时长。 2. 学会时量词的用法。 3. 学会用"动词 + 时量补语"表示动作持续的时间。 4. 理解含有"坐"的常用词语。 5. 学会书写衣字旁（衤）以及汉字"裙"和"裤"。 6. 了解中国高铁。
第五单元 **旅行——** **行程**	**第9课** 他们一块儿去度假了。 P 77	1. 能简单描述一场旅行的行程（一）。 2. 学会用副词"一块儿"表示协同。 3. 学会用副词"就"表示很短时间内即将发生。 4. 理解含有"一"的常用词语。 5. 学会书写竹字头（⺮）以及汉字"笔"和"篇"。 6. 了解中国长城。
	第10课 我是上个月去的。 P 85	1. 能简单描述一场旅行的行程（二）。 2. 学会用助词"过"表示曾经发生的动作。 3. 学会"是……的"句强调时间。 4. 理解含有"回"的常用词语。 5. 学会书写提土旁（土）以及汉字"地"和"块"。 6. 了解中国故宫。
第六单元 **旅行——** **计划**	**第11课** 一起去中国学习中文。 P 95	1. 能简单描述旅行计划。 2. 学会用"（正）在 + 动词（短语）"和"在 / 正 / 正在 + 动词（短语）+ 呢"表示动作正在进行。 3. 学会用"是……的"句强调地点。 4. 理解含有"学"的常用词语。 5. 学会书写车字旁（车）以及汉字"轮"和"辆"。 6. 了解汉语水平考试（HSK）。
	第12课 你为什么想去中国？ P 103	1. 能简单表述原因。 2. 学会概数的用法。 3. 学会因果复句。 4. 理解含有"上"的常用词语。 5. 学会书写贝字旁（贝）以及汉字"财"和"贵"。 6. 了解中国传统的益智游戏。

复习课2　P 111　　生词表　P 113

词汇	语言点	主要句型	汉字	文化
哪里　家人 锡纳亚　地方 夏宫　那里 有名　好玩儿 火车　找到 用　手机 锡比乌　飞机 机票　开车　快	① 动态助词：了 ② "是……的"句：强调方式	① 我和家人去了锡纳亚。 ② 我们是坐火车去的。	双人旁（彳）： 很　行	中国古典园林
高铁　上次 速度　小时 真的　方便 大多数　假期 克卢日　地铁 火车站　然后 久　最后 打车　中餐馆 累　下次	① 时量词 ② 动词＋时量补语：表示动作持续的时间	① 四十分钟 ② 我只坐了四个半小时。	衣字旁（衤）： 裙　裤	中国高铁
一块儿　旅游 地图　回到 商场　家　晚饭 图尔达盐矿 就　准备　度假 走路　慢　觉得 休息　午饭	① 协同副词：一块儿 ② 副词：就	① 我们一块儿去旅游吧。 ② 我现在就准备旅游的东西。	竹字头（⺮）： 笔　篇	中国长城
西北　德布莱尼 水果　西瓜　甜 住　康斯坦察 去年　认识 前天　等　回来 别的　南边 * 东边 *　北边 * 西边 *　前年 * 明年 *	① 动态助词：过 ② "是……的"句：强调时间	① 你去过克卢日吗？ ② 我是上个月去的。	提土旁（土）： 地　块	中国故宫
在　考　重要 水平　考试 做饭　美国人 网上　正在 楼上　楼下 参加	① 进行态：表示动作正在进行 ② "是……的"句：强调地点	① 我在学习中文呢。 ② 我们是在网上认识的。	车字旁（车）： 轮　辆	汉语水平考试（HSK）
为什么　因为 门　外语　教 一样　难　上网 几　友好　所以	① 概数的表达：几 ② 因果复句：因为……，所以……	① 今年，（我）在网上认识了几个中国朋友。 ② 中国有很多好玩儿的地方，中国人也很友好，所以我明年想去中国旅游。	贝字旁（贝）： 财　贵	中国传统的益智游戏

Cuprins

	Titlul	Obiectivele învățării
Unitatea 1 **Despre sănătate**	Lecția 1 Nu mă simt bine. *P 3*	1. Învățăm cum ne exprimăm referitor la disconfortul fizic. 2. Deprindem folosirea prepoziției „跟" pentru a introduce obiectul indirect. 3. Însușirea folosirii particulei „吧" pentru a exprima o propunere. 4. Însușirea pronunției sufixului „子". 5. Învățăm să scriem radicalul „疒" (boală), precum și caracterele „病" și „疼". 6. Aflăm despre „Legământul celor trei prieteni din livada cu piersici".
	Lecția 2 Spitalul este departe de școală? *P 11*	1. Însușirea expresiilor folosite când vizităm un bolnav la spital. 2. Însușirea folosirii verbului „离" pentru a exprima distanța. 3. Deprinderea exprimării numărului de telefon. 4. Deprinderea folosirii adverbului „不用" pentru a exprima un refuz atenuat. 5. Deprinderea citirii sufixului „们". 6. Învățăm să scriem radicalul „钅" (metal), precum și caracterele „钱" și „钟". 7. Învățăm despre medicina tradițională și medicamentele chinezești.
Unitatea 2 **Activități de week-end**	Lecția 3 Ce faci, de obicei, duminica? *P 21*	1. Învățăm să conversăm despre programul de week-end. 2. Însușirea adverbelor „常",„常常" pentru a indica frecvența mare a unei acțiuni. 3. Deprinderea folosirii conjuncției „还是" pentru a exprima alegerea. 4. Însușirea folosirii verbului modal „能" pentru a exprima rugămintea sau speranța de a obține o permisiune. 5. Deprinderea exprimării propoziției imperative cu „请". 6. Înțelegerea cuvintelor uzuale care conțin elementul lexical „电". 7. Învățăm să scriem radicalul „饣" (mâncare), precum și caracterele „饭" și „饿". 8. Învățăm despre Nezha și isprăvile lui.
	Lecția 4 Cum este vremea astăzi? *P 29*	1. Învățăm să discutăm despre vreme. 2. Însușirea folosirii pronumelui „怎么样" în propoziții interogative. 3. Însușirea folosirii adverbului de grad „非常". 4. Însușirea folosirii adverbului de grad „太". 5. Înțelegerea cuvintelor uzuale care conțin elementul lexical „天". 6. Învățăm să scriem radicalul „灬"(foc), precum și caracterele "点" și "热". 7. Învățăm despre cei 24 de termeni solari.

Vocabular	Gramatică	Structuri	Caractere chinezești	Știați că
头疼　身体 舒服　跟　请假 看病　吧　生病 学校　门口 车站　坐 公共汽车　行 发烧＊	① Prepoziția „跟" - cu ② Particula imperativă „吧"	① 我去跟老师请假。 ② 你去看病吧。	Radicalul „疒" (boală): 病　疼	Legământul celor trei prieteni din livada cu piersici
离　远　近 分钟　电话 号码　可以　给 打电话　喂　位 不用　感觉 '	① Verbul „离" - a fi la distanță de... ② Exprimarea numărului de telefon ③ Adverbul „不用" - nu este nevoie	① 医院离学校远吗？ ② 她的电话号码是 0753538265。 ③ 你们不用来了。	Radicalul „钅" (metal): 钱　钟	Medicina tradițională şi medicamentele chinezești
常常　干　常 还是　电影院 能　进来　请 进　周末　课文 听写	① Adverbul de frecvență „常", „常常" - adesea ② Conjuncția „还 是" - sau ③ Verbul modal „能" - a putea ④ Propoziția imperativă cu „请"	① 我常去踢足球。 ② 你在家看还是去电影院看？ ③ 我能进来吗？ ④ 请进！	Radicalul „饣" (mâncare): 饭　饿	Nezha
天气　怎么样 白天　雨　冷 非常　穿　件 衣服　晴天 太　热　出去 阴天　下雨 先　再　中国菜	① Pronumele interogativ „怎 么样" - cum? ② Adverbul de grad „非常" - extrem de ③ Adverbul de grad „太" - prea	① 今天天气怎么样？ ② 今天白天有雨，非 常冷。 ③ 太热了，我不想 出去。	Radicalul „灬" (foc): 点　热	Cei 24 de termeni solari

	Titlul	Obiectivele învățării
Unitatea 3 **Prietenii** **mei**	Lecția 5 Ea este mai înaltă decât mine. *P 39*	1. Deprinderea expresiilor simple pentru a descrie înfățișarea (1). 2. Însușirea folosirii adverbului „真" pentru a exprima un grad ridicat. 3. Însușirea folosirii propoziției comparative cu „比". 4. Înțelegerea cuvintelor uzuale care conțin elementul lexical „看". 5. Învățăm să scriem radicalul „阝"(ureche), precum și caracterele „阳" și „院". 6. Învățăm despre mătase și Drumul Mătăsii.
	Lecția 6 Prietena mea are părul blond. *P 47*	1. Deprinderea expresiilor simple pentru a descrie înfățișarea (2). 2. Însușirea folosirii structurii nominale formate cu „的", când se elimină substantivul determinat. 3. Însușirea propoziției cu „是" pentru a arăta identificarea sau apartenența la o categorie. 4. Înțelegerea cuvintelor uzuale care conțin elementul lexical „人". 5. Învățăm să scriem radicalul „足"(picior), precum și caracterele „路" și „跑". 6. Învățăm despre cântecul „Munți înalți și ape curgătoare".
Recapitulare 1 / *P 55*		
Unitatea 4 **Călătorii –** **Transport**	Lecția 7 Noi am mers cu trenul. *P 59*	1. Învățăm expresii simple despre mijloacele de transport. 2. Însușirea folosirii sufixului aspectual „了" pentru a exprima încheierea unei acțiuni. 3. Însușirea folosirii structurii „是……的" pentru a sublinia modalitatea. 4. Înțelegerea cuvintelor uzuale care conțin elementul lexical „好". 5. Învățăm să scriem radicalul „彳"(doi oameni), precum și caracterele „很" și „行". 6. Aflăm despre grădinile clasice chineze.
	Lecția 8 Am mers doar 4 ore și jumătate. *P 67*	1. Învățăm să spunem cât timp am mers cu mijloacele de transport. 2. Învățăm să folosim cuvintele temporale. 3. Deprinderea structurii „Verb+complement de durată" pentru exprimarea duratei unei acțiunii. 4. Înțelegerea cuvintelor uzuale care conțin elementul lexical „坐". 5. Învățăm să scriem radicalul „衤"(îmbrăcăminte), precum și caracterele „裙" și „裤". 6. Învățăm despre trenul de mare viteză din China.

Vocabular	Gramatică	Structuri	Caractere chinezești	Știați că
男孩儿 真 帅 个子 高 眼睛 好看 漂亮 女孩儿 比 高中生 时候 头发 短 长 大象* 长颈鹿* 脖子*	① Adverbul de grad „真" - într-adevăr ② Propoziția comparativă cu „比"	① 左边的男孩儿真帅! ② 她比你高。	Radicalul „阝" (ureche): 阳 院	Mătasea și Drumul Mătăsii
黄色 黑 白 瘦 胖 网友 干净 房子 新 教室	① Structura cu particula „的" ② Propoziția cu „是" - folosită pentru a arăta identificarea sau apartenența	① 我朋友的头发是黄色的。 ② 这是我网友的（家）。	Radicalul „𧾷" (picior): 路 跑	Munţi înalţi şi ape curgătoare

后来 *

Vocabular	Gramatică	Structuri	Caractere chinezești	Știați că
哪里 家人 锡纳亚 地方 夏宫 那里 有名 好玩儿 火车 找到 用 手机 锡比乌 飞机 机票 开车 快	① Sufixul aspectual „了" ② Propoziția cu „是……的" - accentuarea modalităţii	① 我和家人去了锡纳亚。 ② 我们是坐火车去的。	Radicalul „彳" (doi oameni): 很 行	Grădinile clasice chinezeşti
高铁 上次 速度 小时 真的 方便 大多数 假期 克卢日 地铁 火车站 然后 久 最后 打车 中餐馆 累 下次	① Cuvinte temporale ② Verb + complement de durată - indică durata acțiunii	① 四十分钟 ② 我只坐了四个半小时。	Radicalul „衤" (Îmbrăcăminte): 裙 裤	Trenurile de mare viteză din China

	Titlul	Obiectivele învățării
Unitatea 5 **Călătorii** **– Itinerar**	Lecția 9 Ei au plecat împreună în vacanță. *P 77*	1. Învățăm să descriem pe scurt itinerariul unei călătorii (1). 2. Însușirea folosirii adverbului „一块儿" pentru a exprima asocierea. 3. Însușirea folosirii adverbului „就" pentru a indica o acțiune iminentă. 4. Înțelegerea cuvintelor uzuale care conțin elementul lexical „一". 5. Învățăm să scriem radicalul „⺮"(bambus), precum și caracterele „笔" și „篇". 6. Învățăm despre Marele Zid.
	Lecția 10 Eu am fost luna trecută. *P 85*	1. Învățăm să descriem pe scurt itinerariul unei călătorii (2). 2. Însușirea folosirii sufixului „过" pentru a exprima faptul că o acțiune a mai avut loc. 3. Însușirea folosirii structurii „是 ...... 的" pentru a accentua timpul. 4. Înțelegerea cuvintelor uzuale care conțin elementul lexical „回". 5. Învățăm să scriem radicalul „⼟"(pământ), precum și caracterele „地" și „块". 6. Învățăm despre Palatul Imperial din China.
Unitatea 6 **Călătorii** **– Planuri**	Lecția 11 Mergem împreună în China să învățăm limba chineză. *P 95*	1. Învățăm să descriem planurile de călătorie. 2. Însușirea structurii „(正) 在 +V" și „在 / 正 / 正在 + V……+ 呢" pentru a exprima acțiuni în curs de desfășurare. 3. Însușirea structurii „是……的" pentru a accentua locul. 4. Înțelegerea cuvintelor uzuale care conțin elementul lexical „学". 5. Învățăm să scriem radicalul „车"(vehicul), precum și caracterele „轮" și „辆". 6. Învățăm despre examenul de limba chineză (HSK).
	Lecția 12 De ce vrei să mergi în China? *P 103*	1. Însușirea expresiilor simple pentru a explica motivul. 2. Însușirea folosirii numeralului aproximativ. 3. Deprinderea folosirii propoziției cauzale. 4. Înțelegerea cuvintelor uzuale care conțin elementul lexical „上". 5. Învățăm să scriem radicalul „贝"(scoică), precum și caracterele „财" și „贵". 6. Învățăm despre jocurile chinezești tradiționale.

Recapitulare 2   *P 111*   **Vocabular**   *P 113*

xvi

Vocabular	Gramatică	Structuri	Caractere chinezești	Știați că
一块儿 旅游 地图 回到 商场 家 晚饭 图尔达盐矿 就 准备 度假 走路 慢 觉得 休息 午饭	① Adverbul „一块儿" – împreună ② Adverbul „就" – chiar, într-adevăr	① 我们一块儿去旅游吧。 ② 我现在就准备旅游的东西。	Radicalul „⺮" (bambus): 笔 篇	Marele Zid Chinezesc
西北 德布莱尼 水果 西瓜 甜 住 康斯坦察 去年 认识 前天 等 回来 别的 南边* 东边* 北边* 西边* 前年* 明年*	① Particula structurală „过" ② Structura „是……的" – accentuarea timpului	① 你去过克卢日吗? ② 我是上个月去的。	Radicalul „土" (pământ): 地 块	Palatul Imperial din China
在 考 重要 水平 考试 做饭 美国人 网上 正在 楼上 楼下 参加	① Aspectul continuu: exprimă faptul că o acțiune este în desfășurare ② Structura „是……的" – accentuarea locului	① 我在学习中文呢。 ② 我们是在网上认识的。	Radicalul „车" (vehicul): 轮 辆	Examenul de limba chineză (HSK)
为什么 因为 门 外语 教 一样 难 上网 几 友好 所以	① Exprimarea aproximării „几" ② Propoziția cauzală formată cu structura „因为……, 所以……"	① 今年, (我)在网上认识了几个中国朋友。 ② 中国有很多好玩儿的地方, 中国人也很友好, 所以我明年想去中国旅游。	Radicalul „贝" (scoică): 财 贵	Jocurile chinezești tradiționale

第一单元

身体状况

Unitatea

1

Despre sănătate

单元自评 Exerciții de auto-evaluare

- **我会认 Recunosc următoarele** ☆☆☆☆☆

头疼　身体　舒服　跟　请假　　看病　吧　生病　学校　门口

车站　坐　公共汽车　行　　离　　远　近　　分钟　电话

号码　可以　给　　打电话　喂　　位　不用　感觉　发烧*

- **我会说 Știu să spun** ☆☆☆☆☆

① 我去跟老师请假。

② 你去看病吧。

③ 医院离学校远吗?

④ 她的电话号码是 0753538265。

⑤ 你们不用来了。

- **我会写 Știu să scriu** ☆☆☆☆☆

① 病字头（疒）：病　疼

　　Radicalul „疒" (boală): 病　疼

② 金字旁（钅）：钱　钟

　　Radicalul „钅" (metal): 钱　钟

- **我知道 Cunosc** ☆☆☆☆☆

① 桃园三结义

　　Legământul celor trei prieteni din livada cu piersici

② 中医和中药

　　Medicina tradițională și medicamentele chinezești

第 **1** 课　我身体不舒服。

Lecția 1　　　　Nu mă simt bine.

学习目标 Obiectivele învățării

1. 能简单表达身体不舒服。Învățăm cum ne exprimăm referitor la disconfortul fizic.

2. 学会用介词"跟"引出对象。Deprindem folosirea prepoziției „ 跟 " pentru a introduce obiectul indirect.

3. 学会用语气助词"吧"表示建议。Însușirea folosirii particulei „ 吧 " pentru a exprima o propunere.

4. 掌握后缀"子"的读法。Însușirea pronunției sufixului „ 子 ".

5. 学会书写病字头（疒）以及汉字"病"和"疼"。Învățăm să scriem radicalul „ 疒 " (boală), precum și caracterele „ 病 " și „ 疼 ".

6. 了解"桃园三结义"的故事。Aflăm despre „Legământul celor trei prieteni din livada cu piersici".

热身 Exercițiu introductiv

两人一组，一人说身体部位，另一人在自己的身体上指出来。Formați perechi; un elev rostește o parte a corpului, celălalt o arată.

手 shǒu	头 tóu
肚子 dùzi	嘴 zuǐ
膝盖 xīgài	
腿 tuǐ	

眼睛 yǎnjing

鼻子 bízi

肩膀 jiānbǎng

胳膊 gēbo

脚 jiǎo

课文 1 Text 1 🎧 01-01

米鲁娜：埃列娜，你 怎么 了？
Mǐlǔnà ：Āiliènà, nǐ zěnme le?

埃列娜：我 头疼，身体 不 舒服。
Āiliènà ：Wǒ tóuténg, shēntǐ bù shūfu.

米鲁娜：我 去 跟 老师 请假，你 去 看病 吧。
Mǐlǔnà ：Wǒ qù gēn lǎoshī qǐngjià, nǐ qù kànbìng ba.

课文 2 Text 2 🎧 01-02

米鲁娜：埃列娜 生病 了，我们 明天 一起 去 看 她 吧。
Mǐlǔnà ： Āiliènà shēngbìng le, wǒmen míngtiān yìqǐ qù kàn tā ba.

米哈伊：好的。学校 门口 有 车站，我们 明天 坐 公共
Mǐhāyī ： Hǎode. Xuéxiào ménkǒu yǒu chēzhàn, wǒmen míngtiān zuò gōnggòng

　　　　汽车 去 医院 吧。
　　　　qìchē qù yīyuàn ba.

米鲁娜：行。
Mǐlǔnà ： Xíng.

词语 Cuvinte 🎧 01-03

头疼
tóuténg
a avea durere
de cap

身体
shēntǐ
corp, sănătate

舒服
shūfu
confortabil,
plăcut

跟
gēn
cu, împreună
cu

请假
qǐngjià
a se învoi

看病
kànbìng
a face un
control medical

吧
ba
particula *ba*

生病
shēngbìng
a se îmbolnăvi

学校
xuéxiào
şcoală

门口
ménkǒu
intrare

车站
chēzhàn
staţie de
autobuz

坐
zuò
a sta jos

公共 汽车
gōnggòng qìchē
autobuz

行
xíng
a merge

语言应用 Gramatică

● 介词：跟 Prepoziţia „跟" - cu

引出动作相关对象。Exprimă asocierea, alăturarea.

> 例 （1）我去跟老师请假。
>
> （2）米鲁娜跟米哈伊说埃列娜生病了。

● 语气助词：吧 Particula exclamativă „吧"

用在祈使句句末，表示建议。„吧" este o particulă exclamativă folosită la sfârşitul propoziţiei pentru a exprima rugămintea sau îndemnul.

> 例 （1）你去看病吧。
>
> （2）我们明天一起去看她吧。
>
> （3）我们明天坐公共汽车去医院吧。

跟我读 Repetați după mine 🎧 01-04

后缀"子"一般读轻声。Sufixul 子 , în general, se citește cu ton neutru.

包子
bāozi

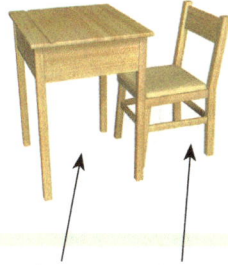

桌子　椅子
zhuōzi　yǐzi

猴子
hóuzi

饺子
jiǎozi

儿子　裤子
érzi　kùzi

兔子
tùzi

活动与练习 Activități și exerciții

1 听一听。Exerciții de audiție.

（1）听录音，标声调。Ascultați înregistrarea și puneți tonurile corespunzătoare cuvintelor de mai jos. 🎧 01-05

① baozi　　② tuzi　　③ laoshi　　④ kanbing

⑤ qiche　　⑥ shufu　　⑦ kuzi　　⑧ yiyuan

（2）听录音，圈出你听到的音节。Ascultați înregistrarea și încercuiți silabele pe care le auziți. 🎧 01-06

① kànbìng　kànshū　　② chēzhàn　chējiān

③ qìqiú　qìchē　　④ qǐngjià　qǐngjìn

⑤ shēngyīn　shēntǐ　　⑥ ménkǒu　ménwài

2 选择合适的词语完成句子。Alegeți cuvântul potrivit și completați propozițiile.

A 舒服　　B 看病　　C 跟　　D 请假　　E 公共汽车

（1）她头疼，去医院 _____ 了。

（2）米鲁娜 _____ 老师请假了。

（3）米哈伊想坐 _____ 回家。

（4）埃列娜 _____ 了，今天不来上课。

（5）我身体不 _____ 。

3 两人一组，仿照例子，一人提问，另一人选择图片回答问题。Formați perechi; un elev pune întrebări, iar celălalt alege o fotografie de mai jos și răspunde corespunzător, conform modelului.

例　A：你怎么了？
　　B：我头疼。

头疼
tóuténg

眼睛 疼
yǎnjing téng

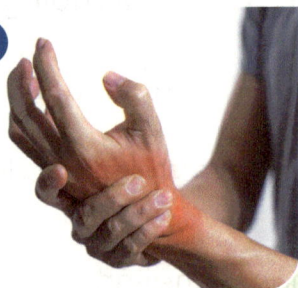
手　疼
shǒu téng

肚子 疼
dùzi téng

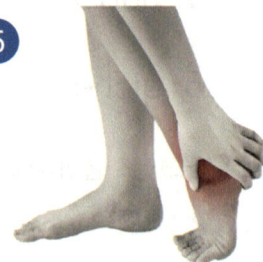
脚 疼
jiǎo téng

④ 角色扮演。Joc pe roluri.

两人一组，仿照例子，轮流问答。Formaţi perechi şi realizaţi dialoguri conform modelului.

例 A：你怎么了？

B：我_____。

A：你去_____吧。

补充词语
Cuvinte suplimentare

发烧
fāshāo
a avea febră

参考词语 Cuvinte ajutătoare

眼睛疼	腿疼	头疼	医院
肚子疼	脚疼	手疼	看病

写一写 Exerciţiu de scriere

• 病字头 Radicalul *boală*

病字头的汉字一般和疾病有关系。Radicalul 疒 - *boală* apare la cuvintele care au legătură cu sănătatea, bolile.

bìng

téng

你知道吗？ **Știați că?**

桃园三结义
Legământul celor trei prieteni din livada cu piersici

"桃园三结义"讲的是刘备、关羽、张飞为了共同的人生目标在桃花盛开的桃林结为兄弟的故事。这个故事说明志同道合的人可以像兄弟一样，一起为人生理想而努力。

Această poveste istoriseşte un episod din istoria Chinei, în care Liu Bei, Guan Yu şi Zhang Fei, urmărind atingerea unor obiective comune, au devenit fraţi de cruce, în livadă, la vremea când piersicii erau în floare. Proverbul care a luat naştere de aici – „Legământul celor trei prieteni din livada cu piersici" se referă la oamenii care devin prieteni foarte apropiaţi şi luptă împreună pentru împlinirea idealurilor lor.

任务
Temă

准备一个"我和两个好朋友"的故事，下次上课讲给同学们听。

Pregătiţi o poveste cu titlul „我和两个好朋友", iar data viitoare prezentaţi-o în faţa colegilor.

第 2 课 医院离学校远吗？

Lecția 2   Spitalul este departe de școală?

学习目标 Obiectivele învățării

1. 学会去医院探望病人的相关表述。Însușirea expresiilor folosite când vizităm un bolnav la spital.

2. 学会用动词"离"表示距离。Însușirea folosirii verbului „ 离 " pentru a exprima distanța.

3. 学会电话号码的表达。Deprinderea exprimării numărului de telefon.

4. 学会用副词"不用"委婉拒绝提议。Deprinderea folosirii adverbului „ 不用 " pentru a exprima un refuz atenuat.

5. 掌握后缀"们"的读法。Deprinderea citirii sufixului „ 们 ".

6. 学会书写金字旁（钅）以及汉字"钱"和"钟"。Învățăm să scriem radicalul „ 钅 " (metal), precum și caracterele „ 钱 " și „ 钟 ".

7. 了解中医和中药。Învățăm despre medicina tradițională și medicamentele chinezești.

热身 Exercițiu introductiv

复习下列数字。Să recapitulăm numerele de mai jos.

1	2	3	4	5
一	二	三	四	五
yī	èr	sān	sì	wǔ

6	7	8	9	10
六	七	八	九	十
liù	qī	bā	jiǔ	shí

20	30	40	50	60
二十	三十	四十	五十	六十
èrshí	sānshí	sìshí	wǔshí	liùshí

70	80	90	100
七十	八十	九十	一百
qīshí	bāshí	jiǔshí	yībǎi

米哈伊： 医院 离 学校 远 吗?
Mǐhāyī : Yīyuàn lí xuéxiào yuǎn ma?

米鲁娜： 不 远 也 不 近, 坐 公共 汽车 要 20 分钟。
Mǐlǔnà : Bù yuǎn yě bú jìn, zuò gōnggòng qìchē yào èrshí fēnzhōng.

米哈伊： 我们 现在 去 医院 吧? 埃列娜 的 电话 号码 是
Mǐhāyī : Wǒmen xiànzài qù yīyuàn ba? Āiliènà de diànhuà hàomǎ shì

多少? 我们 可以 给 她 打 电话。
duōshao? Wǒmen kěyǐ gěi tā dǎ diànhuà.

米鲁娜： 可以。 她的 电话 号码 是 0753538265。
Mǐlǔnà : Kěyǐ. Tāde diànhuà hàomǎ shì líng qī wǔ sān wǔ sān bā èr liù wǔ.

课文 2 Text 2 🎧 02-02

埃列娜：喂，你 好！哪 位？
Āiliènà：Wèi， nǐ hǎo! Nǎ wèi?

米鲁娜：你 好，埃列娜，我 是 米鲁娜。
Mǐlǔnà：Nǐ hǎo， Āiliènà， wǒ shì Mǐlǔnà.

埃列娜：你 好，米鲁娜。
Āiliènà：Nǐ hǎo， Mǐlǔnà.

米鲁娜：你 在 医院 吗？
Mǐlǔnà：Nǐ zài yīyuàn ma?

埃列娜：我 在 医院。
Āiliènà：Wǒ zài yīyuàn.

米鲁娜：我 和 米哈伊 想 去 看 你。
Mǐlǔnà：Wǒ hé Mǐhāyī xiǎng qù kàn nǐ.

埃列娜：谢谢，你们 不用 来 了。我 感觉 好 多 了，明天
Āiliènà：Xièxie， nǐmen búyòng lái le. Wǒ gǎnjué hǎo duō le， míngtiān

可以 去 学校。
kěyǐ qù xuéxiào.

词语 Cuvinte 🎧 02-03

离
lí
a fi la distanță
de.., față de

远
yuǎn
departe

近
jìn
aproape

分钟
fēnzhōng
minut

电话
diànhuà
telefon

号码
hàomǎ
numǎr

可以
kěyǐ
a putea, a
avea voie

给
gěi
pentru

打 电话
dǎ diànhuà
a da telefon

喂
wèi
alo!

位
wèi
clasificator
(de politețe)

不用
búyòng
nu este
nevoie

感觉
gǎnjué
a (se) simți

语言应用 Gramatică

● 动词：离 Verbul „离" - a fi la distanță de.., față de

动词"离"用来表示两地的距离。Verbul „离"se foloseşte pentru a exprima distanța dintre două locuri.

例	地点 A Punctul A	离 este......față de	地点 B punctul B	......
	医院	离	学校	远吗？
	医院	离	学校	不远也不近。
	我家	离	图书馆	很近。

● 电话号码的表达 Exprimarea numǎrului de telefon

读电话号码、手机号码、房间号码等数字时，直接一位一位地读。号码中如果有数字"1"，常常读 成"yāo"。Atunci când se citesc numere de telefon, de camere sau alte numere, se citeşte fiecare cifră în parte. Dacă există cifra 1 în numere, atunci aceasta se citeşte „yāo".

例 （1）她的电话号码是 0753538265（líng qī wǔ sān wǔ sān bā
èr liù wǔ）。

（2）我的电话号码是 0214025401（líng èr yāo sì líng èr wǔ
sì líng yāo）。

（3）他的房间号是 1108（yāo yāo líng bā）。

- 副词：不用 Adverbul de negație „不用" - nu este nevoie

表示事实上没有必要，不需要。常用来委婉地拒绝某个提议。„不用" arată faptul că nu este nevoie să se facă un anumit lucru. Adeseori este folosit pentru a exprima un refuz mai atenuat.

> 例 （1）你们不用来了，我明天可以去学校。
>
> （2）不用跟老师请假了。
>
> （3）不用去了，他不在家。

跟我读 Repetați după mine 🎧 02-04

后缀"们"用在代词或指人的名词后面，表示复数。一般读轻声。Sufixul „们" este folosit după pronume și substantive care indică persoane pentru a marca pluralul.

他们 tāmen ei	医生们 yīshēngmen doctori	工人们 gōngrénmen muncitori	同学们 tóngxuémen colegi
我们 wǒmen noi	你们 nǐmen voi	护士们 hùshimen asistente medicale	警察们 jǐngchámen polițiști

活动与练习 Activități și exerciții

1 听一听。Exerciții de audiție.

听录音，判断对错。Ascultați înregistrarea și alegeți *corect* sau *greșit*. 🎧 02-05

2 选择合适的词语完成句子。Alegeți cuvântul potrivit și completați propozițiile.

A 不用   B 离   C 打电话   D 感觉

（1）我家 _____ 学校不远。

（2）艾米丽正在给埃列娜 _____。

（3）她 _____ 眼睛不舒服。

（4）他感觉好多了，_____ 跟老师请假了。

3 看图完成对话。Priviți imaginile și completați dialogurile corespunzătoare.

20分钟

（1）A：医院离学校远吗？

B：_____。

☎ 0753538265

（2）A：你的电话号码是多少？

B：_____。

（3）A：我和米哈伊想去医院看你。

B：你们不用来了，_____。

16

4 双人活动。Activitate în perechi.

两人一组，利用下面的地图，仿照例子，轮流问答。Formați perechi, iar apoi alcătuiți dialoguri, după model, folosindu-vă de harta de mai jos.

例 A：_____离学校远不远？

B：_____。坐公共汽车要_____分钟。

参考词语 Cuvinte ajutătoare

远	不远	
近	不近	不远也不近

写一写 Exercițiu de scriere

- 金字旁 Radicalul *metal*

金字旁的汉字一般和金属有关系。Caracterele care conțin radicalul 钅 – *metal* au, de cele mai multe ori, legătură cu bogăția, belșugul.

qián

zhōng

钟

钟 钟 钟 钟 钟 钟 钟 钟
钟

你知道吗？ Știați că?

中医和中药
Medicina tradițională și medicamentele chinezești

中医是中国的传统医学。中医通过望、闻、问、切的方法进行诊断，主要的治疗手段有中药、针灸、推拿、拔罐等。其中，中药是最重要的一种治疗手段。除了中草药，现在也有了各种各样的中成药，更加方便、有效。*Zhong yi* se referă la medicina chinezească tradițională. Spre deosebire de medicina occidentală, sunt folosite alte metode de diagnosticare (observare, miros, interogare și palmare), principalele metode de tratament fiind medicamentele tradiționale, acupunctura, masajul *tuina*, tratamentul cu ventuze etc. Dintre toate acestea, cele mai importante sunt medicamentele tradiționale. În afară de plantele medicinale, acum se mai folosesc și diverse medicamente preparate, care sunt mai ușor de administrat și mai eficiente.

中药
zhōngyào
medicamente chinezești

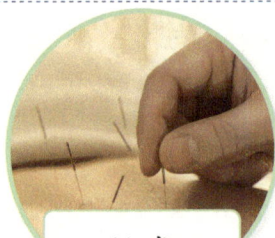

针灸
zhēnjiǔ
acupunctură

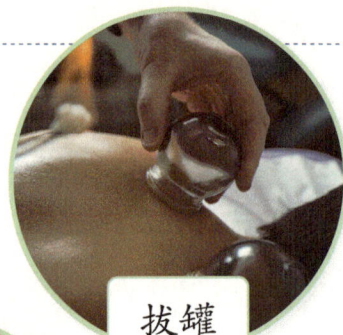

推拿
tuīná
masaj

拔罐
báguàn
ventuze

任务
Temă

和同学一起去参观一个当地的中医馆或上网搜索看看。
Faceți, împreună cu elevii, o vizită la un cabinet medical local, care practică medicina chineză tradițională, sau căutați un cabinet pe internet.

第二单元

周末活动

Unitatea

2

Activități de week-end

单元自评 Exerciții de auto-evaluare

- **我会认** Recunosc următoarele ☆☆☆☆☆

常常　干　常　还是　电影院　能　进来　请　进

周末　课文　听写　天气　怎么样　白天　雨　冷　非常

穿　件　衣服　晴天　太　热　出去　阴天　下雨

先　再　中国菜

- **我会说** Știu să spun ☆☆☆☆☆

① 我常去踢足球。

② 你在家看还是去电影院看?

③ 我能进来吗?

④ 请进!

⑤ 今天天气怎么样?

⑥ 今天白天有雨,非常冷。

⑦ 太热了,我不想出去。

- **我会写** Știu să scriu ☆☆☆☆☆

① 食字旁 (饣) : 饭　饿

　　Radicalul „饣" (mâncare): 饭　饿

② 四点底 (灬) : 点　热

　　Radicalul „灬" (foc): 点　热

- **我知道** Cunosc ☆☆☆☆☆

① 哪吒

　　Nezha

② 二十四节气

　　Cei 24 de termeni solari

第 **3** 课 你星期天常常干什么?

Lecția 3　　 **Ce faci, de obicei, duminica?**

学习目标 Obiectivele învățării

1. 能就周末安排进行简单问答。Învățăm să conversăm despre programul de week-end.

2. 学会用副词"常""常常"表示行为、动作发生的次数较多。Însușirea adverbelor „常", „常常" pentru a indica frecvența mare a unei acțiuni.

3. 学会用连词"还是"表示选择。Deprinderea folosirii conjuncției „还是" pentru a exprima alegerea.

4. 学会用能愿动词"能"表示请求、希望获得许可。Însușirea folosirii verbului modal „能" pentru a exprima rugămintea sau speranța de a obține o permisiune.

5. 学会用"请"的祈使句。Deprinderea exprimării propoziției imperative cu „请".

6. 理解含有"电"的常用词语。Înțelegerea cuvintelor uzuale care conțin elementul lexical „电".

7. 学会书写食字旁(饣)以及汉字"饭"和"饿"。Învățăm să scriem radicalul „饣" (mâncare), precum și caracterele „饭" și „饿".

8. 了解哪吒以及相关的故事。Învățăm despre Nezha și isprăvile lui.

热身 Exercițiu introductiv

在你星期天常常做的事情旁画 √，并仿照例句说一说。Bifați, în căsuțele din fotografiile de mai jos, ce activități preferați în week-end.

> 例　我星期天常常<u>看电视</u>。

① 看　电视
kàn diànshì

② 游泳
yóuyǒng

③ 踢足球
tī zúqiú

④ 去　商店
qù shāngdiàn

⑤ 看书
kàn shū

⑥ 打篮球
dǎ lánqiú

21

米鲁娜： 你 星期天　常常　干 什么？
Mǐlǔnà ： Nǐ xīngqītiān chángcháng gàn shénme?

米哈伊： 我 常 去 踢 足球。你 呢？
Mǐhāyī ： Wǒ cháng qù tī zúqiú.　Nǐ ne?

米鲁娜： 我　常常　看 电影。
Mǐlǔnà ： Wǒ chángcháng kàn diànyǐng.

米哈伊： 你 在 家 看 还是 去　电影院　看？
Mǐhāyī ： Nǐ zài jiā kàn háishi qù diànyǐngyuàn kàn?

米鲁娜： 我 喜欢 去　电影院　看。
Mǐlǔnà ： Wǒ xǐhuan qù diànyǐngyuàn kàn.

课文 2 Text 2 🎧 03-02

米鲁娜：埃列娜，我 能 进来 吗？
Mǐlǔnà ： Āiliènà, wǒ néng jìnlai ma?

埃列娜：请 进！坐 吧。
Āiliènà ： Qǐng jìn! Zuò ba.

米鲁娜：这个 周末 你 想 做 什么？
Mǐlǔnà ： Zhège zhōumò nǐ xiǎng zuò shénme?

埃列娜：我 想 在家 读 课文、听写 汉字。你 呢？
Āiliènà ： Wǒ xiǎng zài jiā dú kèwén, tīngxiě Hànzì. Nǐ ne?

米鲁娜：我 想 去 爬山。
Mǐlǔnà ： Wǒ xiǎng qù páshān.

词语 Cuvinte 🎧 03-03

常常
chángcháng
des, adesea

干
gàn
a face

常
cháng
des

还是
háishi
sau (folosit în propozițiile interogative)

电影院
diànyǐngyuàn
cinematograf

能
néng
a putea

进来
jìnlai
a intra

请
qǐng
a ruga

进
jìn
a intra

周末
zhōumò
week-end

课文
kèwén
text

听写
tīngxiě
dictare

语言应用 Gramatică

● 频率、重复副词：常、常常 Adverbele de frecvență „常", „常常" - adesea

表示行为、动作发生的次数多，用在谓语动词的前面，作状语。Arată faptul că o acțiune are loc frecvent. Se folosesc în fața predicatului, cu rol de complement circumstanțial.

> 例 （1）我常去踢足球。
>
> （2）埃列娜常常去电影院看电影。

● 连词：还是 Conjuncția „还是" - sau

用于选择，连接两个选择项，常用在疑问句中。例如：Se folosește cel mai des într-o propoziție interogativă, făcând referire la alegerea între două alternative .

> 例 （1）你在家看还是去电影院看？
>
> （2）你想唱歌还是跳舞？
>
> （3）你学习中文还是英语？

● 能愿动词：能 Verbul modal „ 能 " – a putea

常用于疑问句式"能……吗"中，表示请求、希望获得许可。Se folosește adeseori în propoziții interogative cu forma „能……吗", pentru a exprima rugămintea sau speranța de a obține permisiunea de a face ceva.

例　（1）我能进来吗？

　　（2）你能在这儿写你的名字吗？

● 有"请"的祈使句 Folosirea verbului „ 请 " – a ruga în propoziții imperative

动词"请"后加其他动词可以构成一种祈使句，委婉地表示建议、希望对方做某事。Verbul „ 请 ", urmat de un alt verb, se folosește într-o propoziție imperativă în care se exprimă propunerea sau speranța ca interlocutorul să facă ceva.

例　（1）请进！

　　（2）请坐。

　　（3）请写您的名字。

跟我读 Repetați după mine 🎧 03-04

理解"电"的含义，读一读，将词语与对应的图片连起来。Aflați sensurile cuvântului „ 电 ", citiți cuvintele de mai jos și legați-le printr-o linie cu imaginile corespunzătoare.

电视
diànshì

电话
diànhuà

电影
diànyǐng

电脑
diànnǎo

活动与练习 Activități și exerciții

1 听一听。 **Exerciții de audiție.**

听录音，大声朗读。 Ascultați înregistrarea, apoi citiți cu voce tare. 🎧 03-05

❶	❷	❸
进	电视	电影
进来	看电视	在家看电影
能进来	常常看电视	在电影院看电影
我能进来吗	常常在家看电视	在家看电影还是去电影院看

2 将图片与句子连线。 **Realizați cu o linie corespondența dintre propoziții și imagini.**

●　　　　●　我常常去电影院看电影。

●　　　　●　我能进来吗？

●　　　　●　我喜欢在家看电视。

●　　　　●　她常在电脑上学习中文。

26

3 选择合适的词语完成句子。 Alegeți cuvintele potrivite și completați propozițiile.

| A 常常 | B 请 | C 还是 | D 能 |

（1）_____ 坐。

（2）你喝果汁 _____ 可乐？

（3）妈妈星期六 _____ 去商店。

（4）你 _____ 进去了。

4 小调查。 Mic sondaj.

调查四个同学，问问他们星期天常常干什么，然后告诉大家。Creați un mic chestionar din care să aflați ce fac colegii voștri duminica (pentru acest exercițiu, alegeți câte 4 colegi, pe rând). Prezentați apoi în fața clasei rezultatele.

姓名 Nume și prenume	星期天常常干什么？ Ce faceți, de obicei, duminica?
（1）	
（2）	
（3）	
（4）	

写一写 Exercițiu de scriere

• 食字旁 Radicalrul *mâncare*

食字旁的汉字一般和食物、饮食有关。Caracterele care conțin radicalul 饣 - *mâncare* se referă la produse alimentare și băuturi.

fàn

饭

è

饿

你知道吗？ **Știați că?**

哪吒
Nezha

　　哪吒是中国神话故事中的人物，也是孩子们喜欢的经典卡通形象。他脚蹬风火轮，身披混天绫，手持乾坤圈，虽然淘气，但善良正义、敢作敢为。在《哪吒闹海》的故事中，他因为战胜了作恶的龙王，为民除害，而成为正义的化身。Nezha este un personaj din legendele chinezești și, de asemenea, un personaj din desenele animate clasice, foarte îndrăgit de copii. El se deplasează pe o pereche de roți magice făcute din foc și vânt. Este îmbrăcat în mătase fină, roșie, iar în mână ține un inel mare. Chiar dacă este năzdrăvan, acest erou se dovedește a fi bun, drept și neînfricat. Povestea „Nezha agită marea" istorisește episodul în care Nezha înfrânge zeul dragon și salvează omenirea de rele, devenind, astfel, întruparea spiritului justițiar.

任务
Temă

请你画一张自己心目中的哪吒画像。
Desenați-l pe Nezha așa cum vi-l imaginați voi.

第 **4** 课　今天天气怎么样？

Lecția 4　　　Cum este vremea astăzi?

学习目标 Obiectivele învățării

1. 能简单谈论天气。Învățăm să discutăm despre vreme.

2. 学会用疑问代词"怎么样"进行询问。Însușirea folosirii pronumelui „怎么样" în propoziții interogative.

3. 学会用副词"非常"表示程度。Însușirea folosirii adverbului de grad „非常".

4. 学会用副词"太"表示程度。Însușirea folosirii adverbului de grad „太".

5. 理解含有"天"的常用词语。Înțelegerea cuvintelor uzuale care conțin elementul lexical „天".

6. 学会书写四点底 (灬) 以及汉字"点"和"热"。Învățăm să scriem radicalul „灬"(foc), precum și caracterele "点"și"热".

7. 了解二十四节气。Învățăm despre cei 24 de termeni solari.

热身 Exercițiu introductiv

看看下面城市的天气情况，并说说你所在的城市今天的天气怎么样。Priviți cu atenție imaginile de mai jos, observați cum este vremea în fiecare dintre ele și spuneți cum este vremea în orașul vostru astăzi.

北京　　晴天
Běijīng　　qíngtiān

上海　　阴天
Shànghǎi　　yīntiān

布加勒斯特　　下雨
Bùjiālèsītè　　xiàyǔ

我的城市：

————————

天气：

————————

埃列娜： 妈妈，今天 天气 怎么样？
Āiliènà： Māma, jīntiān tiānqì zěnmeyàng?

埃列娜 妈妈： 今天 白天 有 雨。
Āiliènà māma： Jīntiān báitiān yǒu yǔ.

埃列娜： 冷 吗？
Āiliènà： Lěng ma?

埃列娜 妈妈： 9℃， 非常 冷，你 多 穿 一件 衣服 吧。
Āiliènà māma： Jiǔ shèshìdù, fēicháng lěng, nǐ duō chuān yí jiàn yīfu ba.

课文 2 Text 2 🎧 04-02

米哈伊： 我们 星期六 去 爬山 吧。
Mǐhāyī : Wǒmen Xīngqīliù qù páshān ba.

米鲁娜： 星期六 是 晴天， 36℃， 太热了，我 不
Mǐlǔnà : Xīngqīliù shì qíngtiān, sānshíliù shèshìdù, tài rè le, wǒ bù

想 出去。
xiǎng chūqu.

米哈伊： 星期天 天气 怎么样?
Mǐhāyī : Xīngqītiān tiānqì zěnmeyàng?

米鲁娜： 星期天 是 阴天，不 下雨。我们 先 去 爬山，再
Mǐlǔnà : Xīngqītiān shì yīntiān, bú xiàyǔ. Wǒmen xiān qù páshān, zài

去 吃 中国菜， 怎么样?
qù chī Zhōngguócài, zěnmeyàng?

米哈伊： 好的。
Mǐhāyī : Hǎode.

词语 Cuvinte 🎧 04-03

天气
tiānqì
vreme

怎么样
zěnmeyàng
cum

白天
báitiān
în timpul
zilei

雨
yǔ
ploaie

冷
lěng
frig

非常
fēicháng
extrem de

穿
chuān
a purta

件
jiàn
clasificator
pentru obiecte
de îmbrăcăminte

衣服
yīfu
haină

晴天
qíngtiān
senin

太
tài
prea

热
rè
cald

出去
chūqu
a ieși

阴天
yīntiān
înnorat

下雨
xiàyǔ
a ploua

先
xiān
mai întâi

再
zài
apoi, după

中国菜
Zhōngguócài
mâncare
chinezească

语言应用 Gramatică

- 疑问代词：怎么样 Pronumele interogativ „怎么样" - cum?

"怎么样"是代词，常用在疑问句中询问情况或对方意见。„怎么样" este pronume, folosit în propoziții interogative pentru a formula întrebări cu privire la o anumită situație sau pentru a afla părerea interlocutorului.

> 例 （1）今天天气怎么样？
>
> （2）我们一起去爬山，怎么样？
>
> （3）明天晚上吃中国菜，怎么样？

- 程度副词：非常 Adverbul de grad „非常" - foarte

用在形容词或动词前面，表示程度很高。Se folosește în fața unui adjectiv sau a unui verb pentru a exprima un grad înalt.

> 例 （1）今天白天有雨，非常冷。
>
> （2）中文非常有意思。
>
> （3）米哈伊非常喜欢踢足球。

● 程度副词：太 Adverbul de grad „太" - prea

用在形容词或动词前面表示程度极高，句末常带"了"，构成"太……了"结构。„太" se folosește în fața unui adjectiv sau a unui verb pentru a exprima gradul ridicat. La sfârșitul propoziției se folosește „了", formându-se structura „太……了".

> 例　（1）中国菜太好吃了！
>
> 　　　（2）我太喜欢运动了！
>
> 　　　（3）星期六太热了，我不想出去。

跟我读 Repetați după mine 🎧 04-04

理解"天"的含义，读一读，将词语与对应的罗马尼亚语连起来。Aflați sensurile cuvântului „天", citiți cuvintele de mai jos și legați-le printr-o linie cu imaginile corespunzătoare.

昨天	每天	白天	天气
zuótiān	měi tiān	báitiān	tiānqì
●	●	●	●
●	●	●	●
vreme	ieri	zilnic	dimineață

活动与练习 Activități și exerciții

1 听一听。Exerciții de audiție.

（1）听录音，判断正误。Ascultați înregistrarea și stabiliți dacă ceea ce auziți corespunde imaginilor de mai jos. 🎧 04-05

（2）听录音，圈出你听到的音节。Ascultați înregistrarea și încercuiți silaba pe care o auziți.

🎧 04-06

① tiānqì　　měi tiān　　② báisè　　báitiān

③ yīntiān　　qíngtiān　　④ fēicháng　　fēijī

⑤ yīfu　　yí ge　　⑥ chūqu　　chūfā

⑦ yì tiān　　yīntiān　　⑧ xiàyǔ　　xiàxuě

2 连线，并读一读。Realizați corespondențele între cele două coloane și citiți.

（1）明天天气怎么样？　●　　　　●　白天。

（2）今天冷吗？　●　　　　●　很好，不冷也不热。

（3）我们去游泳，怎么样？　●　　　　●　今天是晴天，不冷。

（4）明天白天下雨还是晚上下雨？　●　　　　●　天气太热了，我不想出去。

3 选择合适的词语完成句子。Alegeți cuvintele potrivite și completați propozițiile.

A　太　　B　件　　C　再　　D　天气　　E　非常

（1）今天 _____ 怎么样？

（2）布加勒斯特今天 _____ 热。

（3）外面 _____ 冷了！你多穿一件衣服。

（4）明天下午我想先去看电影，晚上 _____ 写汉字。

（5）明天我想买一 _____ 衣服。

4 双人活动。**Activitate în perechi.**

两人一组，仿照例子，介绍下列图中的天气情况。Formați perechi și purtați un dialog, după modelul de mai jos, despre vremea prezentată în imagini.

例 A：今天天气怎么样？

B：今天非常<u>冷</u>。

参考词语 Cuvinte ajutătoare

冷	热	晴天
阴天	下雨	

写一写 Exercițiu de scriere

- 四点底 Radicalul *foc*

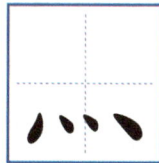

四点底的汉字大多和火及用火有关。Radicalul „灬" - *foc* pentru cuvinte care au legătura cu focul.

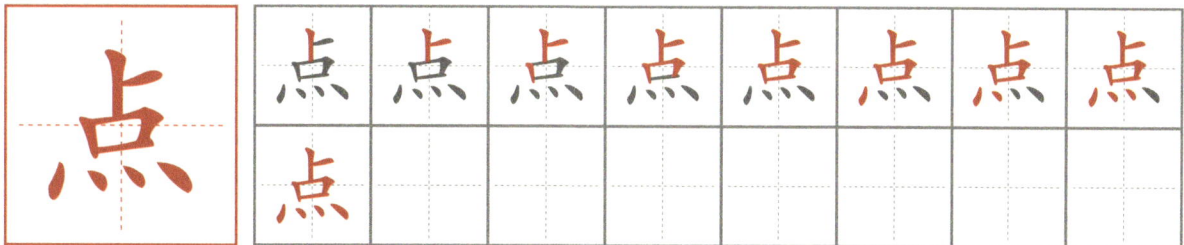

diǎn

点

点	点	点	点	点	点	点	点
点							

rè

热

热	热	热	热	热	热	热	热
热	热						

你知道吗？ Ştiaţi că?

二十四节气
Cei 24 de termeni solari

　　二十四节气是一年中地球绕太阳运行到二十四个规定位置上的日期，是一种用来指导农事的补充历法。当代中国仍延续此历法来认识自然现象和安排日常生活。中国"二十四节气"已被正式列入联合国教科文组织人类非物质文化遗产代表作名录。

Termenii solari ai Chinei indică 24 de sezoane şi tipuri de climă care, cândva, compuneau un calendar suplimentar folosit cu precădere în agricultură. În prezent, chinezii de pretutindeni încă folosesc acest calendar, atât în viaţa de zi cu zi, cât şi pentru a înţelege mai bine fenomenele naturale. Acest calendar chinez cu 24 de termeni solari a fost inclus oficial în lista Patrimoniului Cultural Mondial UNESCO.

任务 Temă	到图书馆借几本和季节相关的书进行阅读，开一次读书分享会。 Consultaţi la bibliotecă materiale despre anotimpuri, iar apoi organizaţi o întâlnire la care să vă împărtăşiţi cunoştinţele.	

第三单元

我的朋友

Unitatea

3

Prietenii mei

单元自评 Exerciții de auto-evaluare

- 我会认 Recunosc următoarele ☆☆☆☆☆

男孩儿	真	帅	个子 高	眼睛	好看	漂亮
女孩儿	比	高中生	时候	头发 短	长	黄色
黑	白	瘦	胖	网友	干净 房子	新
教室	大象*	长颈鹿*	脖子*			

- 我会说 Știu să spun ☆☆☆☆☆

① 左边的男孩儿真帅！

② 她比你高。

③ 我朋友的头发是黄色的。

④ 这是我网友的（家）。

- 我会写 Știu să scriu ☆☆☆☆☆

① 左耳旁（阝）：阳　院

　　Radicalul „阝" (ureche): 阳　院

② 足字旁（𧾷）：路　跑

　　Radicalul „𧾷" (picior): 路　跑

- 我知道 Cunosc ☆☆☆☆☆

① 丝绸与丝绸之路

　　Mătasea şi Drumul Mătăsii

② 高山流水

　　Munţi înalţi şi ape curgătoare

第 5 课　她比我高。

Lecția 5　　Ea este mai înaltă decât mine.

学习目标 Obiectivele învățării

1. 能简单描述人的外貌（一）。Deprinderea expresiilor simple pentru a descrie înfățișarea (1).

2. 学会用副词"真"表示程度较深。Însușirea folosirii adverbului „真" pentru a exprima un grad ridicat.

3. 学会"比"字句的基本用法。Însușirea folosirii propoziției comparative cu „比".

4. 理解含有"看"的常用词语。Înțelegerea cuvintelor uzuale care conțin elementul lexical „看".

5. 学会书写左耳旁（阝）以及汉字"阳"和"院"。Învățăm să scriem radicalul „阝" (ureche), precum și caracterele „阳" și „院".

6. 了解丝绸与丝绸之路。Învățăm despre mătase și Drumul Mătăsii.

热身 Exercițiu introductiv

朗读下列词语，并用这些词语向同伴描述你自己、你的朋友或者你的家人。Citiți cuvintele de mai jos și apoi, cu ajutorul lor, faceți o descriere a voastră, a unui prieten sau a unui membru al familiei.

例　李明很<u>高</u>。

高
gāo

矮
ǎi

胖
pàng

瘦
shòu

帅
shuài

漂亮
piàoliang

可爱
kě'ài

米鲁娜： 左边 的 男孩儿 真 帅！
Mǐlǔnà : Zuǒbian de nánháir zhēn shuài!

埃列娜： 是 啊，他 的 个子 很 高。
Āiliènà : Shì a, tā de gèzi hěn gāo.

米鲁娜： 他 的 眼睛 很 好看，手 也 很 漂亮。他 是 谁？
Mǐlǔnà : Tā de yǎnjing hěn hǎokàn, shǒu yě hěn piàoliang. Tā shì shéi?

米哈伊： 他 是 我 哥哥。
Mǐhāyī : Tā shì wǒ gēge.

课文 2 Text 2 🎧 05-02

米鲁娜： 这个 女孩儿 是 谁？
Mǐlǔnà : Zhège nǚháir shì shéi?

埃列娜： 这是我 朋友。
Āiliènà : Zhè shì wǒ péngyou.

米鲁娜： 她比你高。
Mǐlǔnà : Tā bǐ nǐ gāo.

埃列娜： 对啊， 她是 高中生 呢。
Āiliènà : Duì a, tā shì gāozhōngshēng ne.

米鲁娜： 这是谁？
Mǐlǔnà : Zhè shì shéi?

埃列娜： 这是我，那时候我的头发很 短。
Āiliènà : Zhè shì wǒ, nà shíhou wǒ de tóufa hěn duǎn.

米鲁娜： 旁边 的人头发比你的 长，她是你姐姐吗？
Mǐlǔnà : Pángbiān de rén tóufa bǐ nǐ de cháng, tā shì nǐ jiějie ma?

埃列娜： 不是， 她也是我 朋友。
Āiliènà : Bú shì, tā yě shì wǒ péngyou.

词语 Cuvinte 🎧 05-03

男孩儿
nánháir
băiat

真
zhēn
într-adevăr

帅
shuài
chipeş,
frumos

个子
gèzi
statură,
înălţime

高
gāo
înalt

眼睛
yǎnjing
ochi

好看
hǎokàn
frumos

女孩儿
nǚháir
fată

比
bǐ
decât, faţă de…
(pentru exprimarea
comparaţie)

高中生
gāozhōngshēng
elev (de liceu)

时候
shíhou
timp,
perioadă

漂亮
piàoliang
frumos

头发
tóufa
păr

短
duǎn
scurt

长
cháng
lung

语言应用 Gramatică

- 程度副词：真 Adverbul de grad „真" - într-adevăr

"真 + 形容词"表示感叹的语气，意思是"的确""实在"。„真 +Adj." exprimă un ton exclamativ și are sensul de „într-adevăr", „cu adevărat".

> 例 （1）他真帅！
>
> （2）她的眼睛真好看！

- "比"字句 Propoziţia comparativă formată cu „比" – faţă de, decât

"比"字句是用"比"表示比较的句子。"比"的谓语是形容词，肯定形式为"A + 比 + B + 形容词"。Propoziţia comparativă poate fi formată cu cuvântul „比". Predicatul în acest caz este exprimat printr-un adjectiv. Propoziţia la forma afirmativă are structura A + 比 + B + Adj.

例

A	比	B	Adj.
她	比	你	高。
今天	比	昨天	热。
她的头发	比	你的（头发）	长。

跟我读 Repetați după mine 🎧 05-04

理解"看"的含义，读一读，将词语与对应的罗马尼亚语连起来。Familiarizați-vă cu sensurile cuvântului „ 看 " și apoi realizați corespondențele dintre cuvintele în limba chineză și cele în limba română.

看 书 kàn shū	看 电视 kàn diànshì	看病 kànbìng	看 朋友 kàn péngyou
●	●	●	●
●	●	●	●
a vizita un prieten	a citi	a se uita la televizor	a merge la doctor

活动与练习 Activități și exerciții

1 听一听。Exerciții de audiție.

（1）听录音，大声朗读。Ascultați înregistrarea și citiți cu voce tare. 🎧 05-05

①
男孩儿
女孩儿
男孩儿比女孩儿高
男孩儿个子比女孩儿高

②
这个女孩儿
那个女孩儿
这个女孩儿头发很长
这个女孩儿的头发比那个女孩儿的长

（2）听录音，圈出你听到的音节。Ascultați înregistrarea și încercuiți silaba pe care o auziți.
🎧 05-06

① gèzi	gèzì	② yǎnjing	yǎnjìng
③ guāngliàng	piàoliang	④ shíhou	shíjiān
⑤ duǎn	děng	⑥ zhōngxuéshēng	xiǎoxuéshēng
⑦ nǔlì	nǔháir	⑧ nánháir	nánshēng

2 连词成句。Aranjați cuvintele în așa fel încât să formulați propoziții corecte.

（1）你的　很　好看　妈妈

_____

（2）他爸爸　个子　的　真　高

_____

（3）他　我　高　比

_____

（4）今天　冷　昨天　比

_____

（5）爸爸　的　比　手　我　的　大

_____

3 看图说话。Completați propozițiile de mai jos pe baza imaginilor.

补充词语
Cuvinte suplimentare

大象
dàxiàng
elefant

长颈鹿
chángjǐnglù
girafă

脖子
bózi
gât

（1）_____　　（2）_____（耳朵/

头发真　　　　　　鼻子/脖子）比

_____！　　　_____。

④ 游戏："猜猜他 / 她是谁"。 **Joc: Ghiceşte cine este el/ ea.**

一名学生站在讲台前，老师向其他学生展示一张本班同学的照片。大家描述照片上这个同学，讲台前的学生猜猜他 / 她是谁。猜出来后换下一个学生。Un elev vine în faţa catedrei, iar profesorul le arată celor din bănci o fotografie cu unul dintre colegii lor. Elevii îl descriu pe colegul din fotografie astfel încât elevul din faţa clasei să ghicească cine este acesta. După ce elevul ghiceşte, se reia jocul.

写一写 Exerciţiu de scriere

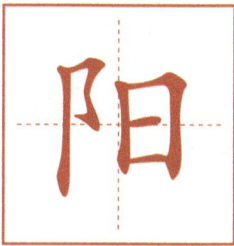

● 左耳旁 Radicalul *ureche*

左耳旁的汉字一般和山、地面有关系。Caracterele cu radicalul 阝 - *ureche* au legătură, de obicei, cu solul, muntele etc.

yáng

阳	阳	阳	阳	阳	阳	阳	阳

yuàn

院	院	院	院	院	院	院	院
院							

你知道吗？ Știați că?

丝绸与丝绸之路
Mătasea şi Drumul Mătăsii

中国是丝绸的故乡，中国的丝绸织造历史长达数千年。在中国古代，商人们从长安、洛阳等大城市出发，将中国大量的丝和丝织品送到西亚、欧洲各国。因为丝绸是其中重要的商品，所以这条路被称为"丝绸之路"。China este patria mătăsii. Istoria fabricării mătăsii în această ţară are o istorie de mii de ani. În China antică, negustorii au pornit din mari oraşe, precum Chang' an şi Luoyang, transportând mari cantităţi de mătase şi produse de mătase până în Asia Centrală şi diverse ţări din Europa. Pentru că mătasea era un produs important, această cale comercială a primit numele de Drumul Mătăsii.

任务
Temă
在地图上找一找"丝绸之路"的路线。
Căutaţi pe hartă traseul denumit Drumul Mătăsii.

第 **6** 课　我朋友的头发是黄色的。

Lecția 6　　　Prietena mea are părul blond.

学习目标 Obiectivele învățării

1. 能简单描述人的外貌（二）。Deprinderea expresiilor simple pentru a descrie înfăţişarea (2).

2. 学会用"的"字短语表示省略中心语的名词性短语。Însușirea folosirii structurii nominale formate cu „的", când se elimină substantivul determinat.

3. 学会用"是"字句表示归属或分类。Însușirea propoziţiei cu „是" pentru a arăta identificarea sau apartenenţa la o categorie.

4. 理解含有"人"的常用词语。Înţelegerea cuvintelor uzuale care conţin elementul lexical „人".

5. 学会书写足字旁（⻊）以及汉字"路"和"跑"。Învăţăm să scriem radicalul „⻊" (picior), precum și caracterele „路"și „跑".

6. 了解"高山流水"的故事。Învăţăm despre cântecul „Munţi înalţi și ape curgătoare".

热身 Exercițiu introductiv

看图片，仿照例子，和朋友说一说这些是什么。Priviți fotografiile și spuneți ce observați, folosind modelul drept exemplu.

例　黑色的手机
手机是黑色的。

黑色　手机
hēisè　shǒujī

1
白色　花
báisè　huā

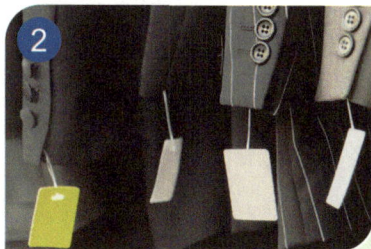

2
新　衣服
xīn　yīfu

3
干净　房子
gānjìng　fángzi

妈妈： 这 是 你的 朋友 吗？
Māma: Zhè shì nǐ de péngyou ma?

埃列娜： 不是。我 朋友 的头发是 黄色 的。
Āiliènà: Bú shì. Wǒ péngyou de tóufa shì huángsè de.

妈妈： 是 那个 穿 黑 衣服 的 吗？
Māma: Shì nàge chuān hēi yīfu de ma?

埃列娜： 也 不 对。我 朋友 的 衣服 是 白 的，不 是 黑 的。
Āiliènà: Yě bú duì. Wǒ péngyou de yīfu shì bái de, bú shì hēi de.

妈妈： 她 很 瘦 吗？
Māma: Tā hěn shòu ma?

埃列娜： 她 不 胖 也 不 瘦。
Āiliènà: Tā bú pàng yě bú shòu.

课文 2 Text 2 🎧 06-02

埃列娜：这 是 你 家 吗？
Āiliènà : Zhè shì nǐ jiā ma?

米鲁娜：不 是 的，这 是 我 网友 的。
Mǐlǔnà : Bú shì de, zhè shì wǒ wǎngyǒu de.

埃列娜：你 的 网友 是 谁？
Āiliènà : Nǐ de wǎngyǒu shì shéi?

米鲁娜：她 叫 艾米丽。她 个子 很 高，很 漂亮。
Mǐlǔnà : Tā jiào Àimǐlì. Tā gèzǐ hěn gāo, hěn piàoliang.

埃列娜：艾米丽 的 家 真 干净！
Āiliènà : Àimǐlì de jiā zhēn gānjìng!

米鲁娜：是 啊，这 房子 是 新 的，很 大。
Mǐlǔnà : Shì a, zhè fángzi shì xīn de, hěn dà.

埃列娜：比 我们 的 教室 还 大。
Āiliènà : Bǐ wǒmen de jiàoshì hái dà.

黄色
huángsè
galben,
blond

黑
hēi
negru

白
bái
alb

瘦
shòu
slab

胖
pàng
gras

网友
wǎngyǒu
prieten de pe
internet

干净
gānjìng
curat

房子
fángzi
casă

新
xīn
nou

教室
jiàoshì
sală de clasă

语言应用 Gramatică

- "的" 字短语 Structura formată cu particula „的"

名词、代词、动词、形容词等后面可以加助词"的"构成"的"字短语。"的"字短语相当于省略了中心语的名词性短语。Particula „的" poate sta după un substantiv, pronume, verb, adjectiv etc, alcătuind structura nominală cu „的", care poate fi folosită fără cuvântul pe care l-ar fi determinat.

例 （1）我朋友的头发是<u>黄色的</u>。（＝黄色的头发）

（2）我朋友的衣服是<u>白色的</u>。（＝白色的衣服）

（3）这是我<u>网友的</u>。（＝网友的家）

（4）这房子是<u>新的</u>。（＝新的房子）

• "是"字句：表示归属或分类 Propoziția cu „是" – exprimarea identificării sau apartenenței la o categorie

"是"为判断动词，与"的"字短语搭配使用，表示归属或分类。Verbul „是", urmat de o structură nominală cu particula 的 , exprimă identificarea sau apartenența la o categorie.

例 （1）我朋友的头发是黄色的。

（2）这是我网友的。

（3）她的房子是新的。

跟我读 Repetați după mine 🎧 06-04

理解"人"的含义，读一读，将词语与对应的罗马尼亚语连起来。Familiarizați-vă cu sensurile cuvântului „人" și apoi realizați corespondențele dintre cuvintele în limba chineză și cele în limba română.

家人 jiārén	工人 gōngrén	病人 bìngrén	罗马尼亚人 Luómǎníyàrén
●	●	●	●
●	●	●	●
muncitor	pacient	român	membru al familiei

活动与练习 Activități și exerciții

1 听一听。Exerciții de audiție.

（1）听录音，大声朗读。Ascultați înregistrarea, apoi citiți cu voce tare. 🎧 06-05

① 白色　黑色　黄色　红色 hóngsè　绿色 lǜsè　橙色 chéngsè　蓝色 lánsè　紫色 zǐsè

② 胖　瘦　高　矮　长　短

（2）听录音，圈出你听到的音节。Ascultați înregistrarea și apoi încercuiți silabele pe care le auziți. 🎧 06-06

① tuōfà　　tóufa　　　② huángsè　　hēisè

③ fángzi　　háizi　　　④ shàngwǎng　wǎngyǒu

⑤ gānjìng　gāngcái　　⑥ fángzi　　jiàoshì

⑦ pàng　　tàng　　　⑧ shòu　　　shōu

2 选择合适的词语完成句子。Alegeți cuvintele potrivite și completați propozițiile.

| A 黑色 | B 教室 | C 干净 | D 新 | E 网友 |

（1）我的房间是新的，很 ＿＿＿＿＿＿。

（2）这房子比我们的 ＿＿＿＿＿＿ 大。

（3）妈妈的头发不是黄色的，是 ＿＿＿＿＿＿ 的。

（4）她的玩具是 ＿＿＿＿＿＿ 的。

（5）这房子是我 ＿＿＿＿＿＿ 的。

3 连线，并读一读。Realizați corespondențele între cele două coloane și citiți.

（1）这是你的教室吗？　●　　　●　我的比她的长。

（2）你和你的网友谁的
　　　头发长？　　　●　　　●　不是，是我哥哥的。

（3）她的衣服是白的吗？●　　　●　不是，是黑的。

4 画一画。**Desenați o imagine.**

画出你的朋友，仿照例子向同学们介绍一下他／她。Desenați un prieten/o prietenă și prezentați-l/prezentați-o colegilor, folosind modelul de mai jos.

> 例 这个女孩儿是我的朋友。她非常漂亮。她的头发是黄色的，眼睛是黑色的。她的衣服是新的，真好看！

写一写 Exercițiu de scriere

● 足字旁 Radicalul *picior*

足

足字旁的汉字一般跟脚有关系。Caracterele care conțin radicalul 足 – *picior* de obicei fac referire la deplasare.

lù
路 路 路 路 路 路 路 路 路
路 路 路 路 路

pǎo
跑 跑 跑 跑 跑 跑 跑 跑 跑
跑 跑 跑 跑

你知道吗？　Știați că?

高山流水
Munţi înalţi şi ape curgătoare

　　相传俞伯牙擅长弹琴，钟子期擅长听琴，而且钟子期能听懂俞伯牙演奏的曲子的意思，比如是意在高山还是意在流水，两人因此成为知音。古琴曲《高山流水》也成为中国经典的演奏曲目，寓意知音难寻。Legenda spune că Yu Boya era un bun interpret la *guqin*, iar Zhong Ziqi înţelegea mai bine ca oricine muzica acestuia, precum şi semnificaţia melodiilor interpretate. Spre exemplu, el putea să-şi dea seama dacă Yu Boya se gândea la munţi înalţi sau la ape curgătoare. De aceea, cei doi au devenit cei mai buni prieteni, iar cântecul la *guqin Munţi înalţi şi ape curgătoare* a devenit o piesă muzicală valoroasă din repertoriul clasic chinez. Legenda ne arată că legătura strânsă dintre doi prieteni este un lucru preţios.

任务
Temă

在网上找到古琴曲《高山流水》，和自己的朋友一起听一听。
Căutaţi pe internet piesa *Munţi înalţi şi ape curgătoare*, interpretată la *guqin*, şi ascultaţi-o împreună cu prietenii voştri.

复习课 1
Recapitulare 1

1 听一听。**Exerciții de audiție.**

听录音，判断正误。Ascultați înregistrarea și stabiliți dacă afirmațiile sunt corecte sau greșite.

🎧 F01-01

（1）女孩儿没有埃列娜高。　　　　　　　　　　　　　　　（　　）

（2）女孩儿常常爬山。　　　　　　　　　　　　　　　　　（　　）

2 说一说。**Exercițiu de vorbire.**

给下面的句子排序，说一说米哈伊和埃列娜之间发生了什么。Așezați în ordine propozițiile de mai jos și povestiți apoi ce s-a întâmplat între Mihai și Elena.

（1）米哈伊说："我先去踢足球，再和你去看电影吧。"

（2）埃列娜非常高兴。她说："太好了！今天非常冷，你多穿一件衣服吧。我们下午六点在电影院见。"

（3）埃列娜想和米哈伊一起去电影院看电影，但是米哈伊要去踢足球。

3 读一读。**Exercițiu de citire.**

阅读短文，回答下面的问题。Citiți textul de mai jos și răspundeți la întrebări.

米鲁娜 家 离 学校 不 远 也 不 近。她 每 天 坐 公共
Mǐlǔnà jiā lí xuéxiào bù yuǎn yě bú jìn. Tā měi tiān zuò gōnggòng

汽车 去 学校 要 20 分钟。她 的 好 朋友 叫 埃列娜。有
qìchē qù xuéxiào yào èrshí fēnzhōng. Tā de hǎo péngyou jiào Āiliènà. Yǒu

一 天，埃列娜 生病 了，她 的 头 非常 疼。米鲁娜 说：
yì tiān, Āiliènà shēngbìng le, tā de tóu fēicháng téng. Mǐlǔnà shuō:

"我去跟老师请假，你先去看病，
"wǒ qù gēn lǎoshī qǐngjià, nǐ xiānqù kànbìng,

我 明天 再去 医院 看你。" 后来，
wǒ míngtiān zài qù yīyuàn kàn nǐ. " Hòulái,

米鲁娜 给埃列娜 打 电话，问 她 身体
Mǐlǔnà gěi Āiliènà dǎ diànhuà, wèn tā shēntǐ

怎么样 了。埃列娜 说 感觉 好 多 了。
zěnmeyàng le. Āiliènà shuō gǎnjué hǎo duō le.

补充词语
Cuvinte suplimentare

后来
hòulái
după aceea

（1）米鲁娜怎么去学校？

_____

（2）埃列娜怎么了？后来怎么样了？

_____

4 写一写。Exercițiu de scriere.

将相同偏旁的汉字写在同一个"房子"里。Scrieți caracterele cu același radical în pătrățelele corespunzătoare.

| 病 | 钱 | 饭 | 点 | 阳 | 路 |
| 跑 | 院 | 热 | 饿 | 钟 | 疼 |

第四单元

旅行—交通

——

Unitatea

4

Călătorii – Transport

单元自评 Exerciții de auto-evaluare

- **我会认** Recunosc următoarele ☆☆☆☆☆

哪里	家人	锡纳亚	地方	夏宫	那里	有名	好玩儿
火车	找到	用	手机	锡比乌	飞机	机票	开车
快	高铁	上次	速度	小时	真的	方便	大多数
假期	克卢日	地铁	火车站	然后	久	最后	打车
中餐馆	累	下次					

- **我会说** Știu să spun ☆☆☆☆☆

① 我和家人去了锡纳亚。

② 我们是坐火车去的。

③ 我只坐了四个半小时。

- **我会写** Știu să scriu ☆☆☆☆☆

① 双人旁（彳）：很　行

Radicalul „彳" (doi oameni): 很　行

② 衣字旁（衤）：裙　裤

Radicalul „衤" (îmbrăcăminte): 裙　裤

- **我知道** Cunosc ☆☆☆☆☆

① 中国古典园林

Grădinile clasice chinezești

② 中国高铁

Trenul de mare viteză din China

第 7 课　我们是坐火车去的。

Lecţia 7　　Noi am mers cu trenul.

学习目标 Obiectivele învăţării

1. 能简单描述出行的交通工具。Învăţăm expresii simple despre mijloacele de transport.

2. 学会用助词"了"表示动作的完成。Însuşirea folosirii sufixului aspectual „了" pentru a exprima încheierea unei acţiuni.

3. 学会用"是……的"句强调方式。Însuşirea folosirii structurii „是……的" pentru a sublinia modalitatea.

4. 理解含有"好"的常用词语。Înţelegerea cuvintelor uzuale care conţin elementul lexical „好".

5. 学会书写双人旁（彳）以及汉字"很"和"行"。Învăţăm să scriem radicalul „彳" (doi oameni), precum şi caracterele „很" şi „行".

6. 了解中国古典园林。Aflăm despre grădinile clasice chineze.

热身 Exerciţiu introductiv

读一读下列词语，然后仿照例子跟同伴说一说。
Citiţi cuvintele de mai jos şi apoi, urmând modelul, realizaţi un dialog cu un coleg de clasă.

> 例　A：你怎么去学校？
> 　　B：我坐公共汽车去。

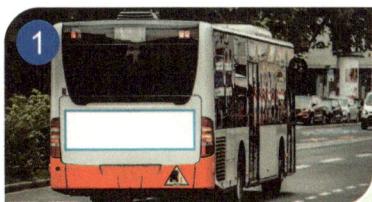

公共　汽车
gōnggòng qìchē

飞机
fēijī

火车
huǒchē

出租车
chūzūchē

自行车
zìxíngchē

船
chuán

米鲁娜： 周末 你 去 哪里 了？
Mǐlǔnà ： Zhōumò nǐ qù nǎli le?

米哈伊： 我 和 家人 去了 锡纳亚。我 最 喜欢 的 地方 是
Mǐhāyī ： Wǒ hé jiārén qùle Xīnàyà. Wǒ zuì xǐhuan de dìfang shì

夏宫。那里 很 有名，也 很 好玩儿。
Xiàgōng. Nàli hěn yǒumíng, yě hěn hǎowánr.

米鲁娜： 你们 是 怎么 去 的？
Mǐlǔnà ： Nǐmen shì zěnme qù de?

米哈伊： 我们 是 坐 火车 去 的。
Mǐhāyī ： Wǒmen shì zuò huǒchē qù de.

课文 2 Text 2 🎧 07-02

周末， 米哈伊 和 家人 去了 锡纳亚。他 说 夏宫 很
Zhōumò, Mǐhāyī hé jiārén qùle Xīnàyà. Tā shuō Xiàgōng hěn

有名，也 很 好玩儿。 他 是 怎么 找到 那个 有名 的 地方
yǒumíng, yě hěn hǎowánr. Tā shì zěnme zhǎodào nàge yǒumíng de dìfang

的 呢？他 是 用 手机 找到 的。
de ne? Tā shì yòng shǒujī zhǎodào de.

下 个 月 米哈伊 的 爸爸 要 去 锡比乌。他 可以 坐
Xià ge yuè Mǐhāyī de bàba yào qù Xībǐwū. Tā kěyǐ zuò

飞机 去，但是 机票 太 贵 了。他 也 可以 坐 火车 去，
fēijī qù, dànshì jīpiào tài guì le. Tā yě kěyǐ zuò huǒchē qù,

但是 火车 不 太 舒服。他 还 可以 开车 去，开车 比 坐
dànshì huǒchē bú tài shūfu. Tā hái kěyǐ kāichē qù, kāichē bǐ zuò

火车 快。你 觉得，他 会 怎么 去 呢？
huǒchē kuài. Nǐ juéde, tā huì zěnme qù ne?

词语 Cuvinte 🎧 07-03

哪里
nǎli
unde

家人
jiārén
membru al
familiei

锡纳亚
Xīnàyà
Sinaia

地方
dìfang
loc

夏宫
Xiàgōng
Palatul
Peleș

那里
nàli
acolo

有名
yǒumíng
renumit

好玩儿
hǎowánr
distractiv

火车
huǒchē
tren

找到
zhǎodào
a găsi

用
yòng
a folosi

快
kuài
repede

手机
shǒujī
telefon
mobil

锡比乌
Xībǐwū
Sibiu

飞机
fēijī
avion

机票
jīpiào
bilet de avion

开车
kāichē
a conduce
mașina

语言应用 Gramatică

● 动态助词：了 Sufixul aspectual „了"

"了"用在动词之后，表示动作完成。Așezat după verb, „了" arată faptul că o acțiune s-a încheiat.

> 例　（1）周末你去了哪里？
>
> （2）我买了三个苹果。
>
> （3）我和家人去了锡纳亚。

否定形式是：没 + 动词（ + 宾语），"了"要去掉。Forma negativă este 没 + Verb (+ obiect). „了" nu se folosește în propoziția negativă.

例	Subiect	没	Verb	Obiect
	我	没	去	中国。
	她	没	买	苹果。
	我和家人	没	去	锡纳亚。

- "是……的"句：强调方式 Structura „是……的" folosită pentru accentuare

在已经知道事情发生的情况下，可以使用"是……的"强调事情发生的方式。Atunci când se cunoaște modul în care s-a desfășurat o acțiune, se poate folosi structura „是……的" pentru a se exprima o accentuare a modalității.

Subiect	（是）	Modalitate	Verb	的
你们	（是）	怎么	去	的？
我们	（是）	坐火车	去	的。
他	（是）	开车	来	的。

否定形式：Forma negativă:

Subiect	不	是	Modalitate	Verb	的
他们	不	是	坐飞机	去	的。
他	不	是	打车	来	的。

跟我读 Repetați după mine 🎧 07-04

理解"好"的含义，读一读，将词语与对应的罗马尼亚语连起来。Familiarizați-vă cu sensurile cuvântului „好" și apoi realizați corespondențele dintre cuvintele în limba chineză și cele în limba română.

好吃　　　　好看　　　　好玩儿　　　　爱好
hǎochī　　　hǎokàn　　　hǎowánr　　　àihào

　●　　　　　　●　　　　　　●　　　　　　●

　●　　　　　　●　　　　　　●　　　　　　●

frumos　　　distractiv　　　hobby　　　delicios

活动与练习 Activități și exerciții

1 听一听。Exerciții de audiție.

（1）听录音，大声朗读。Ascultați înregistrarea, iar apoi citiți cu voce tare. 🎧 07-05

1	**2**	**3**
这	那	哪
这里	那里	哪里
这儿	那儿	哪儿

（2）听录音，圈出你听到的音节。Ascultați înregistrarea și încercuiți silabele pe care le auziți.
🎧 07-06

① nǎli   nàli   ② jiàrì   jiārén

③ dīfáng   dìfang   ④ nàli   nàr

⑤ kāichē   kāimén   ⑥ huǒchē   huòzhě

⑦ fēijī   fèiqì   ⑧ zhǎodào   zǎodào

2 选择合适的词语完成句子。Alegeți cuvintele potrivite și completați propozițiile.

A 机票	B 家人	C 好玩儿	D 找到	E 快

（1）你是怎么 _____ 那个地方的？

（2）北京有很多 _____ 的地方。

（3）飞机比火车 _____，但是 _____ 太贵了。

（4）那个女孩儿和 _____ 去了北京。

3 连词成句。Aranjați cuvintele în așa fel încât să formulați propoziții corecte.

（1）那个　好玩儿　太　了　地方

_____

（2）他　买　在商店　三本　了　书

_____

（3）你们　怎么　是　的　去

_____

（4）不是　去　打车　我们　的

_____

（5）坐　去　他　是　公共汽车　的

_____

4 全班同学分成两组，仿照例子，轮流问答。Împărțiți-vă în două grupuri și formulați întrebări și răspunsuri, urmând modelul de mai jos.

问 Întrebare	答 Răspuns
（1）你周末去了哪里？ ⟶	（1）我周末去了锡纳亚。
（2）你昨天做了什么？ ⟶	（2）我昨天看了一场电影。
（3）你今天学了什么？ ⟶	（3）我今天学了汉字。
（4）你今天买了什么？ ⟶	（4）我今天买了一件衣服。

5 小调查。Mic sondaj.

询问同班同学每天怎么回家并统计出你们班使用最多的交通工具。Întreabă colegii de clasă cum se întorc acasă în fiecare zi și stabilește care este cel mai folosit mijloc de transport în clasă.

交通工具 Mjloc de transport	公共汽车	出租车	自行车	……
学生人数 Număr de elevi				

写一写 Exercițiu de scriere

- 双人旁 Radicalul *doi oameni*

彳

双人旁的汉字多与行走、行为和道路有关。Caracterele cu radicalul 彳 - *doi oameni* au legătură cu direcția, drumul.

很

很 很 很 很 很 很 很 很

很

xíng

行

行 行 行 行 行 行 行 行

你知道吗？ Ştiaţi că?

中国古典园林
Grădinile clasice chinezeşti

中国古典园林种类繁多，其中皇家园林和私家园林最有特色。前者宏伟大气，以北京颐和园为代表；后者小巧精致，以苏州拙政园为代表。Grădinile clasice chinezeşti sunt de diferite feluri. Dintre acestea, cele mai deosebite sunt grădinile imperiale şi grădinile private. Grădinile imperiale sunt magnifice şi somptuoase, reprezentativ pentru această categorie fiind *Yiheyuan* (Palatul de Vară) din Beijing. Grădinile private, deşi de dimensiuni mai mici, sunt rafinate şi elegante, reprezentativă fiind *Grădina Umilului Administrator* din Suzhou.

颐 和 园
Yíhé Yuán
Palatul de Vară

拙 政 园
Zhuōzhèng Yuán
Grădina Umilului Administrator

任务
Temă

在北京颐和园、苏州拙政园中，选择一个你最喜欢的园林，模仿着画出来。
Alegeţi una dintre grădinile din China, care vă place cel mai mult – Palatul de Vară din Beijing sau Grădina Umilului Administrator din Suzhou și desenaţi-o.

第 **8** 课 我只坐了四个半小时。

Lecția 8   Am mers doar 4 ore și jumătate.

学习目标 Obiectivele învățării

1. 能简单描述乘坐交通工具的时长。Învățăm să spunem cât timp am mers cu mijloacele de transport.

2. 学会时量词的用法。Învățăm să folosim cuvintele temporale.

3. 学会用"动词 + 时量补语"表示动作持续的时间。Deprinderea structurii „Verb+complement de durată" pentru exprimarea duratei unei acțiuni.

4. 理解含有"坐"的常用词语。Înțelegerea cuvintelor uzuale care conțin elementul lexical „坐".

5. 学会书写衣字旁（衤）以及汉字"裙"和"裤"。Învățăm să scriem radicalul „衤" (îmbrăcăminte), precum și caracterele „裙" și „裤".

6. 了解中国高铁。Învățăm despre trenul de mare viteză din China.

热身 Exercițiu introductiv

仿照例子说一说你每天做这些事情用多长时间。Spuneți, conform modelului, cât timp petreceți zilnic făcând acțiunile prezentate în imaginile de mai jos.

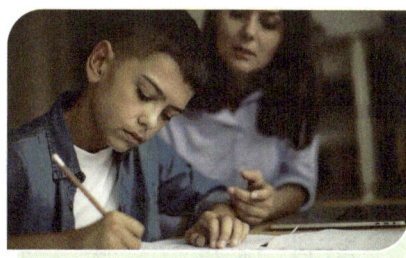

例 学汉语 <u>一个小时</u>   写作业 _____

运动 _____   _____ _____

米哈伊：这 是 火车 吗？
Mǐhāyī : Zhè shì huǒchē ma?

老师：这 是 中国 高铁。我 上 次 是 坐 高铁 去 的
Lǎoshī: Zhè shì Zhōngguó gāotiě. Wǒ shàng cì shì zuò gāotiě qù de

上海。
Shànghǎi.

埃列娜：您 坐 高铁 坐 了 多 长 时间？
Āiliènà : Nín zuò gāotiě zuòle duō cháng shíjiān?

老师：高铁 速度 很 快。我 只 坐 了 四 个 半 小时。
Lǎoshī: Gāotiě sùdù hěn kuài. Wǒ zhǐ zuòle sì ge bàn xiǎoshí.

埃列娜：您 是 怎么 买 的 高铁 票？
Āiliènà : Nín shì zěnme mǎi de gāotiě piào?

老师：我 是 用 手机 买 的。
Lǎoshī: Wǒ shì yòng shǒujī mǎi de.

米哈伊：这 真 的 很 方便。现在 大多数 人 都 是 在
Mǐhāyī : Zhè zhēnde hěn fāngbiàn. Xiànzài dàduōshù rén dōu shì zài

网上 买 的 票。
wǎngshàng mǎi de piào.

我只坐了四个半小时。
Am mers doar 4 ore și jumătate.

第8课

课文 2 Text 2 🎧 08-02

四十分钟

中餐馆

假期，我 和 家人 去了 克卢日。我们 是 坐 火车 去
Jiàqī,　　wǒ hé jiārén qùle　Kèlúrì.　Wǒmen shì zuò huǒchē qù

的。我们 先 坐了 四十 分钟 地铁 到 火车站，然后 坐了
de.　Wǒmen xiān zuòle sìshí fēnzhōng dìtiě dào huǒchēzhàn, ránhòu zuòle

很 久 的 火车。最后，我们 打车 去了 那里 的 中餐馆。
hěn jiǔ de huǒchē. Zuìhòu, wǒmen dǎchē qùle nàli de zhōngcānguǎn.

克卢日 很 漂亮，但是 坐 火车 太 累 了！ 中文 老师 说
Kèlúrì hěn piàoliang, dànshì zuò huǒchē tài lèi le! Zhōngwén lǎoshī shuō

中国 的 高铁 很 快。下 次 去 中国，我 想 坐 高铁。
Zhōngguó de gāotiě hěn kuài. Xià cì qù Zhōngguó, wǒ xiǎng zuò gāotiě.

69

词语 Cuvinte 🎧 08-03

高铁
gāotiě
tren de mare viteză

上次
shàng cì
data trecută

速度
sùdù
viteză

真的
zhēnde
într-adevăr

小时
xiǎoshí
oră (ca durată)

方便
fāngbiàn
convenabil, la îndemână

大多数
dàduōshù
marea majoritate

假期
jiàqī
vacanță

克卢日
Kèlúrì
Cluj

地铁
dìtiě
metrou

火车站
huǒchēzhàn
gară

然后
ránhòu
după aceea

久
jiǔ
mult timp

最后
zuìhòu
în cele din urmă

打车
dǎchē
a chema un taxi

中餐馆
zhōngcānguǎn
restaurant chinezesc

累
lèi
obosit

下次
xià cì
data viitoare

语言应用 Gramatica

● 时量词 Cuvinte temporale

时量词是时间的计量单位，常用的有：分钟、天、周、年等。时量词一般直接和数词连用，表示时间段。Cuvintele temporale sunt unități de măsură pentru timp, cele mai frecvent folosite fiind: 分钟、天、周（zhōu）、年 etc. În general, aceste cuvinte se folosesc împreună cu numerale pentru a exprima durata.

> 例 四十分钟　　两天　　五周　　三年

一些表示时间的名词也可用在数词后表示时间段，这些名词和数词之间常需要加"个"。Anumite substantive care exprimă timpul pot, de asemenea, să se folosească după numerale pentru a exprima durata, dar în acest caz, între substantiv și numeral, adeseori se adaugă clasificatorul 个 .

> 例 六个小时　　四个星期　　三个月

● 动词＋时量补语：表示动作持续的时间 Verb + complement de durată – exprimarea duratei unei acțiuni

数词和时量词（或时间名词）用在动词的后面作补语，叫作时量补语。时量补语表示动作或状态持续的时间，可以用"多长时间"来提问。După verb se poate folosi o structură formată din numeral și cuvânt de timp (sau substantiv temporal), cu rol de complement de durată. Acesta exprimă durata unei acțiuni sau a unei stări. Pentru a forma întrebarea se poate folosi structura „ 多长时间 " (cât timp).

（1）动词不带宾语 Verbul nu este urmat de obiect

Subiect	Predicat Verbal	Durata
我	坐了	四个半小时。
她	学了	三年。
他	写了	半天。

（2）动词带名词宾语 Verbul este urmat de obiect

Subiect	Predicat Verbal + Obiect	Verb	Durata
我	坐高铁	坐了	四个半小时。
她	学中文	学了	三年。
他	写汉字	写了	半天。

也可以这样说（动词和宾语之间，可以有"的"，也可以没有）：De asemenea, se poate folosi și structura de mai jos (între verb și obiect se poate introduce „ 的 " sau se poate omite).

Subiect	Predicat Verbal	Durata	（的）	Obiect
我	坐了	四个半小时	（的）	高铁。
她	学了	三年	（的）	中文。
他	写了	半天	（的）	汉字。

跟我读 Repetați după mine 🎧 08-04

理解"坐"的含义，读一读，将词语与对应的罗马尼亚语连起来。Familiarizați-vă cu sensurile cuvântului „坐" și apoi realizați corespondențele dintre cuvintele în limba chineză și cele în limba română.

坐下 zuòxia	坐车 zuò chē	坐飞机 zuò fēijī	坐高铁 zuò gāotiě
●	●	●	●
●	●	●	●
a merge cu mașina	a merge cu avionul	a merge cu trenul de mare viteză	a sta jos

活动与练习 Activități și exerciții

① 听一听。Exerciții de audiție.

听录音，大声朗读。Ascultați înregistrarea, apoi citiți cu voce tare. 🎧 08-05

①
高铁　火车
地铁　打车

②
一个小时　十分钟
两天　　　三年

② 将图片与句子连线。Realizați corespondența dintre propoziții și imagini.

●	● 他坐公共汽车坐了二十分钟。
●	● 我是用手机找到那个地方的。
●	● 坐飞机很快。
●	● 老师坐高铁坐了四个半小时。

我只坐了四个半小时。
Am mers doar 4 ore și jumătate.

第 8 课

③ 选择合适的词语完成句子。Alegeți cuvântul potrivit și completați propozițiile.

| A 高铁 | B 小时 | C 地铁 | D 上次 |

（1）他中午睡了一个 _____ 。

（2）我们 _____ 是开车去的克卢日。

（3）他去上海坐 _____ 坐了四个半小时。

（4）坐 _____ 比坐公共汽车快。

④ 小调查。Mic sondaj.

四人一组，互相问问去过哪里旅游、什么时候去的、旅游时的交通方式以及所花时间，然后填写表格。Formați grupe de câte 4 elevi, întrebați-vă reciproc unde v-ar plăcea să călătoriți, când și cum ați prefera să mergeți și cât timp aveți disponibil, apoi completați tabelul.

姓名 Nume și prenume	地点 Loc	时间 Perioada	交通方式 Modalitate de transport	花费时间 Timp disponibil

写一写 Exercițiu de scriere

- 衣字旁 Radicalul *îmbrăcăminte*

衣字旁的汉字一般跟衣服有关。Caracterele cu radicalul 衣 – *îmbrăcăminte*, în general, au legătură cu obiectele vestimentare.

qún

裙　裙　裙　裙　裙　裙　裙　裙
裙　裙　裙　裙

裤

| 裤 | 裤 | 裤 | 裤 | 裤 | 裤 | 裤 | 裤 |
| 裤 | 裤 | 裤 | 裤 | | | | |

你知道吗？ Știați că?

中国高铁
Trenul de mare viteză din China

中国高铁是中国高速铁路的简称。其运行速度在每小时 250 千米至 350 千米之间。现在高铁已经是中国重要的交通基础设施，运行里程居世界第一。*Gaotie* este prescurtarea de la *Zhōngguó gāosù tiělù* (tren de mare viteză în China). Viteza de funcționare a unui asemenea tren este cuprinsă, în medie, între 250 și 350 km/h. Calea ferată de mare viteză este considerată infrastructură feroviară de mare importanță în China, iar kilometrajul său de operare se află pe primul loc în lume.

任务
Temă

算一算，如果坐高铁从布加勒斯特到克卢日，按 350 千米 / 时的速度，需要多长时间？
Calculați cât ar dura călătoria cu un tren de mare viteză de la București la Cluj, cu o viteză de 350 km/oră.

第五单元

旅行——行程

Unitatea

5

Călătorii – Itinerar

单元自评 Exerciții de auto-evaluare

- **我会认 Recunosc următoarele** ☆☆☆☆☆

一块儿	旅游	地图	回到	商场　家	晚饭
图尔达盐矿	就	准备	度假	走路　慢	觉得
休息	午饭	西北	德布莱尼	水果　西瓜　甜	住
康斯坦察	去年	认识	前天	等　回来　别的　南边*	

东边*　　北边*　　西边*　　前年*　　明年*

- **我会说 Știu să spun** ☆☆☆☆☆

① 我们一块儿去旅游吧。

② 我现在就准备旅游的东西。

③ 你去过克卢日吗？

④ 我是上个月去的。

- **我会写 Știu să scriu** ☆☆☆☆☆

① 竹字头（⺮）：笔　篇

Radicalul „⺮" (bambus): 笔　篇

② 提土旁（扌）：地　块

Radicalul „扌" (pământ): 地　块

- **我知道 Cunosc** ☆☆☆☆☆

① 中国长城

Marele Zid Chinezesc

② 中国故宫

Palatul Imperial din China

第 **9** 课　他们一块儿去度假了。

学习目标 Obiectivele învățării

1. 能简单描述一场旅行的行程（一）。Învățăm să descriem pe scurt itinerariul unei călătorii (1).

2. 学会用副词"一块儿"表示协同。Însușirea folosirii adverbului „一块儿" pentru a exprima asocierea.

3. 学会用副词"就"表示很短时间内即将发生。Însușirea folosirii adverbului „就" pentru a indica o acțiune iminentă.

4. 理解含有"一"的常用词语。Înțelegerea cuvintelor uzuale care conțin elementul lexical „一".

5. 学会书写竹字头（⺮）以及汉字"笔"和"篇"。Învățăm să scriem radicalul „⺮" (bambus), precum și caracterele „笔" și „篇".

6. 了解中国长城。Învățăm despre Marele Zid.

热身 Exercițiu introductiv

跟老师读下面的词语和句子。Citiți împreună cu profesorul cuvintele și propozițiile de mai jos.

早饭 zǎofàn micul dejun	午饭 wǔfàn prânz	晚饭 wǎnfàn cină
快 kuài repede	慢 màn încet	走路 zǒulù a merge pe jos

① 我每天 7:30 吃早饭，12:00 吃午饭，18:00 吃晚饭。

② 坐飞机比坐火车快，但是飞机票很贵。

③ 坐火车比坐飞机慢，而且坐火车很累。

④ 我常常走路去超市。

米鲁娜： 我们 一块儿 去 旅游 吧。
Mǐlǔnà： Wǒmen yíkuàir qù lǚyóu ba.

米哈伊： 好 啊。我们 去 哪儿?
Mǐhāyī： Hǎo ā. Wǒmen qù nǎr?

米鲁娜： 我 有 地图。我们 可以 先 去 雅西，再 去 克卢日，
Mǐlǔnà： Wǒ yǒu dìtú. Wǒmen kěyǐ xiān qù Yǎxī, zài qù Kèlúrì,

最后 回到 布加勒斯特。
zuìhòu huídào Bùjiālèsītè.

米哈伊： 太 好 了! 在 雅西，我们 可以 先 去 商场 买
Mǐhāyī： Tài hǎo le! Zài Yǎxī, wǒmen kěyǐ xiān qù shāngchǎng mǎi

东西，然后 找 一 家 中餐馆 吃 晚饭。
dōngxi, ránhòu zhǎo yì jiā zhōngcānguǎn chī wǎnfàn.

米鲁娜： 在 克卢日，我们 可以 去 图尔达 盐矿 玩儿。
Mǐlǔnà： Zài Kèlúrì, wǒmen kěyǐ qù Tú'ěrdá Yánkuàng wánr.

米哈伊： 行。我 现在 就 准备 旅游 的 东西。
Mǐhāyī： Xíng. Wǒ xiànzài jiù zhǔnbèi lǚyóu de dōngxi.

课文 2 Text 2 🎧 09-02

克卢日

雅西

★ 布加勒斯特

米哈伊 和 米鲁娜 两 家人 一块儿 去 度假 了。他们
Mǐhāyī hé Mǐlǔnà liǎng jiā rén yíkuàir qù dùjià le. Tāmen

是 坐 火车 去 的 雅西，坐了 六 个 半 小时。米哈伊 家 离
shì zuò huǒchē qù de Yǎxī, zuòle liù ge bàn xiǎoshí. Mǐhāyī jiā lí

火车站 很 近，他们 是 走路 去 的 火车站。 火车 很 慢，
huǒchēzhàn hěn jìn, tāmen shì zǒulù qù de huǒchēzhàn. Huǒchē hěn màn,

米鲁娜 觉得 坐 火车 太 累 了。 中午 到了 雅西 后，他们
Mǐlǔnà juéde zuò huǒchē tài lèi le. Zhōngwǔ dàole Yǎxī hòu, tāmen

先 去 休息，然后 去 吃了 午饭。下午，他们 去 商场
xiān qù xiūxi, ránhòu qù chīle wǔfàn. Xiàwǔ, tāmen qù shāngchǎng

买了 很 多 东西。
mǎile hěn duō dōngxi.

词语 Cuvinte 🎧 09-03

一块儿
yíkuàir
împreună

旅游
lǚyóu
excursie, a
face o excursie

地图
dìtú
hartă

回到
huídào
a se întoarce
la…

商场
shāngchǎng
magazin

家
jiā
familie,
casă

晚饭
wǎnfàn
cină

图尔达　盐矿
Tú'ěrdá　Yánkuàng
Salina Turda

就
jiù
chiar,
într-adevăr

准备
zhǔnbèi
a se pregăti

度假
dùjià
a petrece
vacanța

走路
zǒulù
a merge pe jos

慢
màn
încet

觉得
juéde
a crede, a
considera

休息
xiūxi
a se odihni,
pauză

午饭
wǔfàn
masa de prânz

语言应用 Gramatică

● 协同副词：一块儿 Adverbul „一块儿" exprimă asocierea

表示一同，指在同一地点做某事或在空间上合在一处。前边常用连词"和 / 跟"。Exprimă ideea de asociere a unor persoane, într-un anumit loc, pentru a face ceva. În fața lui 一块儿 se poate folosi o structură cu prepoziția „跟……" (împreună cu...).

> 例　（1）我们一块儿去旅游吧。
>
> 　　（2）米哈伊和米鲁娜两家人一块儿去度假了。
>
> 　　（3）我跟家人一块儿去了克卢日。

● 副词：就 Adverbul „就"

副词"就"表示很短时间以内即将发生，放在动词或形容词前面。Adverbul „就" arată faptul că o acțiune se va produce foarte curând; se pune în fața verbului sau a adjectivului.

> 例　（1）我现在就准备旅游的东西。
>
> 　　（2）他很快就回来。
>
> 　　（3）天很快就晴了。

跟我读 Repetați după mine 🎧 09-04

理解"一"的含义，读一读，将词语与对应的罗马尼亚语连起来。Familiarizați-vă cu sensurile cuvântului „ 一 " și apoi realizați corespondențele dintre cuvintele în limba chineză și cele în limba română.

一共 yígòng	一块儿 yíkuàir	一样 yíyàng
●	●	●
●	●	●
împreună	la fel	în total

活动与练习 Activități și exerciții

1 听一听。Exerciții de audiție.

（1）听录音，大声朗读。Ascultați înregistrarea, apoi citiți cu voce tare. 🎧 09-05

1	**2**	**3**	**4**
一共	度假	地图	上午
一起	旅游	商场	中午
一样	走路	中餐馆	下午
一块儿	休息	盐矿	晚上

（2）听录音，圈出你听到的音节。Ascultați înregistrarea și încercuiți silabele pe care le auziți. 🎧 09-06

① lǚyóu   lǚxíng   ② dìtú   tǔdì

③ zhǎodào   huídào   ④ shāngchǎng   shāngdiàn

⑤ wǎnfàn   wǎn'ān   ⑥ zhǔshí   zhǔnbèi

⑦ juédìng   juéde   ⑧ zǎofàn   wǔfàn

2 选择合适的词语完成句子。Alegeți cuvintele potrivite și completați propozițiile.

| A 休息 | B 就 | C 一块儿 | D 商场 | E 慢 |

（1）走路比坐地铁 _____ 。

（2）她在 _____ 买了很多东西。

（3）她和中文老师 _____ 去了北京和上海。

（4）我想先 _____ ，再去吃午饭。

（5）公共汽车很快 _____ 到。

3 连词成句。Aranjați cuvintele în așa fel încât să formulați propoziții corecte.

（1）我 东西 旅游 就 的 现在 准备

_____

（2）家人 去 一块儿 我 和 克卢日 了

_____

（3）旅游 去 你 可以 雅西

_____

（4）我 听 音乐 一块儿 和 米鲁娜 去 了

_____

（5）天 就 了 很快 晴

_____

4 分享旅游行程。**Prezentați programul unei călătorii.**

回顾一场旅行，利用下列词语和句型说一说旅行行程，分享给全班同学。Rememorați o călătorie, folosiți cuvintele și structurile de mai jos și vorbiți-le colegilor de clasă despre itinerariu.

参考词语 Cuvinte ajutătoare

| 早上 | 晚上 | |
| 上午 | 中午 | 下午 |

参考句型 Modele de propoziții

先……，再 / 然后……，最后……。

写一写 Exercițiu de scriere

• 竹字头 Radicalul *bambus*

竹字头的汉字一般与竹子或竹子做的东西有关。Radicalul ⺮ - *bambus* este folosit pentru cuvintele care denumesc obiecte care au legătură cu bambusul.

bǐ

piān

你知道吗？ Știați că?

中国长城
Marele Zid Chinezesc

长城是中国古代的军事防御工程，因其总长度超过5000千米（10000里），又被称为"万里长城"。长城气势雄伟，是世界历史上伟大的工程之一，已被列入世界文化遗产名录。Marele Zid a fost o fortificație militară folosită de chinezi în antichitate ca formă de apărare față de dușmanii străini. Datorită lungimii sale de peste 5000 km (10000 *li*) este cunoscut și sub numele de *Zidul de peste 10000 de li*. Marele Zid este o construcție impunătoare, fiind unul dintre proiectele mărețe din istoria lumii. A fost inclus în lista Patrimoniului Cultural Mondial UNESCO.

任务
Temă
制作一份以"中国长城"为主题的海报。
Realizați un poster cu tema „Marele Zid Chinezesc"

第 **10** 课　我是上个月去的。

Lecția 10　　Eu am fost luna trecută.

学习目标 Obiectivele învățării

1. 能简单描述一场旅行的行程（二）。Învățăm să descriem pe scurt itinerariul unei călătorii (2).

2. 学会用助词"过"表示曾经发生的动作。Însușirea folosirii sufixului „过" pentru a exprima faptul că o acțiune a mai avut loc.

3. 学会"是……的"句强调时间。Însușirea folosirii structurii „是 ...... 的" pentru a accentua timpul.

4. 理解含有"回"的常用词语。Înțelegerea cuvintelor uzuale care conțin elementul lexical „回".

5. 学会书写提土旁（扌）以及汉字"地"和"块"。Învățăm să scriem radicalul „扌" (pământ), precum și caracterele „地" și „块".

6. 了解中国故宫。Învățăm despre Palatul Imperial din China.

热身 Exercițiu introductiv

连一连，读一读，并在中国地图上找一找这些城市。Realizați corespondențele și găsiți locurile din imagini pe harta Chinei.

	北京 ●	● 在中国的南边*（nánbian, sud）。
	拉萨 ●	● 在中国的东边*（dōngbian, est）。
	上海 ●	● 在中国的北边*（běibian, nord）。
	深圳 ●	● 在中国的西边*（xībian, vest）。

米哈伊： 埃列娜，你 去过 克卢日 吗？
Mǐhāyī : Āiliènà, nǐ qùguo Kèlúrì ma?

埃列娜： 去过，克卢日 在 罗马尼亚 的 西北。
Āiliènà : Qùguo, Kèlúrì zài Luómǎníyà de xīběi.

米哈伊： 你 是 什么 时候 去 的？
Mǐhāyī : Nǐ shì shénme shíhou qù de?

埃列娜： 我 是 上 个 月 去 的。我 是 跟 家人 一块儿
Āiliènà : Wǒ shì shàng ge yuè qù de. Wǒ shì gēn jiārén yíkuàir
去 的。
qù de.

米哈伊： 你们 在 克卢日 玩了 几 天？
Mǐhāyī : Nǐmen zài Kèlúrì wánle jǐ tiān?

埃列娜： 我们 在 那里 玩了 三 天。我们 下 个 星期 还
Āiliènà : Wǒmen zài nàli wánle sān tiān. Wǒmen xià ge xīngqī hái
想 去 德布莱尼。
xiǎng qu Débùláiní.

米哈伊： 德布莱尼 在 罗马尼亚 的 南边。那里 的 水果 很
Mǐhāyī : Débùláiní zài Luómǎníyà de nánbian. Nàli de shuǐguǒ hěn
好吃，西瓜 很 甜。
hǎochī, xīguā hěn tián.

课文 2 Text 2 🎧 10-02

我 叫 米鲁娜, 住 在 布加勒斯特。我 朋友 住 在
Wǒ jiào Mǐlǔnà, zhù zài Bùjiālèsītè. Wǒ péngyou zhù zài

康斯坦察。康斯坦察 在 布加勒斯特 的 东边。 我们 是
Kāngsītǎnchá. Kāngsītǎnchá zài Bùjiālèsītè de dōngbian. Wǒmen shì

去年 认识 的。前天, 我 坐 火车 去 康斯坦察 旅游, 她 在
qùnián rènshi de. Qiántiān, wǒ zuò huǒchē qù Kāngsītǎnchá lǚyóu, tā zài

火车站 等 我。 我们 一起 去了 很 多 有 意思 的 地方。
huǒchēzhàn děng wǒ. Wǒmen yìqǐ qule hěn duō yǒu yìsi de dìfang.

我 是 昨天 回来 的。下 次 我们 想 一块儿 去 别 的 地方
Wǒ shì zuótiān huílai de. Xià cì wǒmen xiǎng yíkuàir qù bié de dìfang

旅游。
lǚyóu.

词语 Cuvinte 🎧 10-03

西北
xīběi
nord-vest

德布莱尼
Débùláiní
Dăbuleni

水果
shuǐguǒ
fructe

西瓜
xīguā
pepene roşu

甜
tián
dulce

住
zhù
a locui

康斯坦察
Kāngsītǎnchá
Constanţa

去年
qùnián
anul trecut

认识
rènshi
a cunoaşte

前天
qiántiān
alaltăieri

等
děng
a aştepta

回来
huílai
a se întoarce

别 的
bié de
altul, alta

语言应用 Gramatică

● 动态助词：过 Particula structurală „过"

"动词 + 过" 表示在过去曾经发生的动作和状态，现在不再继续。常用来强调有过某种经历。„Verb + 过" indică o acţiune care a avut loc în trecut, dar care nu mai continuă în prezent. Adeseori prin această structură se scoate în evidenţă experienţa unei acţiuni în trecut.

> 例 （1）你去过克卢日吗？
>
> （2）我去过康斯坦察。

● "是……的"句：强调时间 Structura „是……的" exprimă o accentuare a timpului.

在已经知道事情发生的情况下，可以使用"是……的"强调事情发生的时间。肯定句和疑问句中的 "是"可以省略，否定句中"是"不能省略，否定词用"不"。Atunci când există o certitudine cu privire la producerea unei acţiuni, se poate folosi structura „是……的" pentru a exprima o accentuare a timpului. În propoziţia afirmativă sau în propoziţia interogativă, „是" se poate omite, dar în propoziţia negativă acest lucru nu este posibil, verbul fiind precedat de adverbul „不".

Subiect	（是）	Timp	Verb	的
我	（是）	上个月	去	的。
她们	（是）	去年	认识	的。
她们	（是）	昨天	回到布加勒斯特	的。

否定形式：Forma negativă

Subiect	不	是	Timp	Verb	的
我	不	是	前天	去	的。
她们	不	是	去年	认识	的。
老师	不	是	昨天	回到中国	的。

跟我读 Repetați după mine 🎧 10-04

理解"回"的含义，读一读，将词语与对应的罗马尼亚语连起来。Familiarizați-vă cu sensurile cuvântului „回" și apoi realizați corespondențele dintre cuvintele în limba chineză și cele în limba română.

回家	回来	回到	回答
huíjiā	huílai	huídào	huídá
●	●	●	●
●	●	●	●
a veni înapoi	a se întoarce acasă	a se întoarce	a răspunde

活动与练习 Activități și exerciții

1 听一听。Exerciții de audiție.

（1）听录音，大声朗读。Ascultați înregistrarea, apoi citiți cu voce tare. 🎧 10-05

1	**2**	**3**
南边	前年*(qiánnián, acum doi ani)	前天
北边	去年	昨天
西边	今年	今天
东边	明年*(míngnián, anul viitor)	明天

（2）听录音，圈出你听到的音节。Ascultați înregistrarea și încercuiți silabele pe care le auziți.
🎧 10-06

① běibian   dōngbian   ② huílai   huíjiā

89

③ zuótiān   qiántiān   ④ shuǐguǒ   shuǐfèn

⑤ pángbiān   nánbian   ⑥ xīguā   xībian

⑦ dōngbian   dōngtiān   ⑧ huílai   huíqu

2 选择合适的词语完成句子。Alegeți cuvintele potrivite și completați propozițiile.

A 去年   B 回来   C 认识   D 南边

（1）德布莱尼在雅西的 _____。

（2）_____，我和家人去了中国。

（3）你几点 _____？

（4）我 _____ 你。

3 连词成句。Aranjați cuvintele în așa fel încât să formulați propoziții corecte.

（1）我们　是　的　去年　认识

_____

（2）我　火车站　等　在　你　可以

_____

（3）在　看　我们　家　电影　前天

_____

（4）上海　中国　的　东边　在

_____

4 画地图。**Desenați o hartă.**

画一张地图，标出自己家、学校以及你常去的商店、饭店等，然后仿照例子说一说几个地方的位置关系。Realizați o hartă pe care să marcați casa, școala, precum și magazinele și restaurantele unde mergeți adeseori. Apoi, spuneți cum se ajunge dintr-un loc în altul.

> 例 商店在学校的<u>东边</u>。

参考词语 Cuvinte ajutătoare

东边	西边
南边	北边

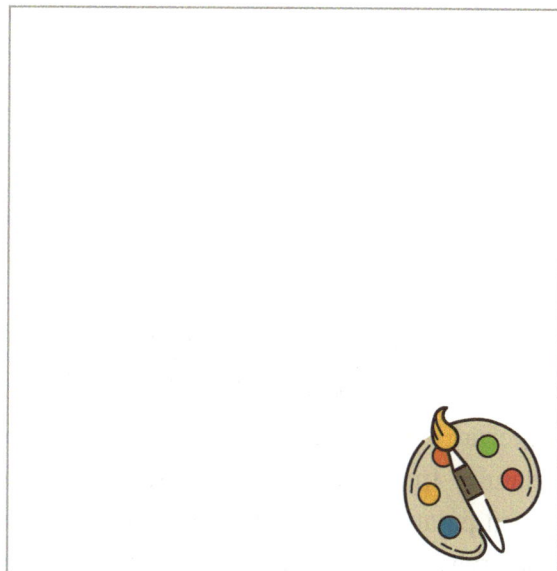

5 说一说。**Exercițiu de vorbire.**

你去过哪些地方旅行？是什么时候去的？玩了多长时间？是什么时候回来的？请跟同学们分享一下吧。În ce locuri și când ai călătorit? Cât timp a durat excursia? Când te-ai întors? Te rog să faci o prezentare pentru colegi.

写一写 Exercițiu de scriere

• 提土旁 Radicalul *pământ*

土

提土旁的汉字多与泥土、土地、建筑物有关。Caracterele cu radicalul 土 - *pământ* au adesea legătură cu pământul, solul, construcțiile, etc.

dì

地	地	地	地	地	地	地	地	地

kuài

块 | 块 | 块 | 块 | 块 | 块 | 块 | 块

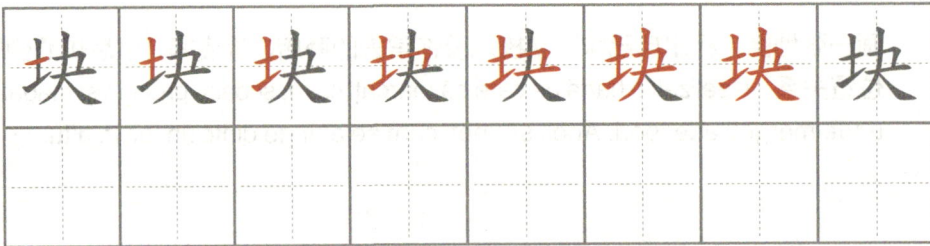

你知道吗？ Știați că?

中国故宫
Palatul Imperial din China

故宫是中国明、清两代的皇宫，现称为"故宫博物院"。故宫金碧辉煌，雄伟壮观，是宫廷建筑的典型代表，被列入世界文化遗产名录，是世界五大宫之一。Palatul Imperial a fost palatul împăraților dinastiilor Ming și Qing, astăzi fiind numit Muzeul Palatului Imperial. Complexul său arhitectural este strălucitor, magnific, fiind reprezentativ pentru palatul clasic. A fost introdus în Patrimoniul Cultural UNESCO, fiind unul dintre cele cinci mari palate ale lumii.

中国　北京　故宫
Zhōngguó Běijīng Gùgōng
Palatul Imperial din China

法国　凡尔赛宫
Fǎguó Fán'ěrsàigōng
Palatul Versailles din Franța

英国　白金汉宫
Yīngguó Báijīnhàngōng
Palatul Buckingham din Anglia

美国　白宫
Měiguó Báigōng
Casa Albă din Statele Unite ale Americii

俄罗斯克里姆林宫
Éluósī Kèlǐmǔlíngōng
Palatul Kremlin din Rusia

任务
Temă

上网查一查或者问问你的中国朋友，故宫和罗马尼亚议会宫有什么相同点和不同点。
Căutați pe internet sau întrebați un prieten chinez care sunt asemănările și deosebirile dintre Palatul Imperial din China și Casa Poporului din România.

第六单元

旅行—计划

Unitatea

6

Călătorii – Planuri

单元自评 Exerciții de auto-evaluare

- **我会认 Recunosc următoarele** ☆☆☆☆☆

在	考	重要	水平	考试	做饭	美国人	网上
正在	楼上	楼下	参加	为什么	因为	门	外语
教	一样	难	上网	几		友好	所以

- **我会说 Știu să spun** ☆☆☆☆☆

① 我在学习中文呢。

② 我们是在网上认识的。

③ 今年，（我）在网上认识了几个中国朋友。

④ 中国有很多好玩儿的地方，中国人也很友好，所以我明年想去中国旅游。

- **我会写 Știu să scriu** ☆☆☆☆☆

① 车字旁（车）：轮　辆

  Radicalul „车" (vehicul): 轮　辆

② 贝字旁（贝）：财　贵

  Radicalul „贝" (scoică): 财　贵

- **我知道 Cunosc** ☆☆☆☆☆

① 汉语水平考试（HSK）

  Examenul de limba chineză (HSK)

② 中国传统的益智游戏

  Jocurile chinezești tradiționale

第 **11** 课　一起去中国学习中文。

Lecția 11　Mergem împreună în China să învățăm limba chineză.

学习目标 Obiectivele învățării

1. 能简单描述旅行计划。Învățăm să descriem planurile de călătorie.

2. 学会用"（正）在 + 动词（短语）"和"在 / 正 / 正在 + 动词（短语）+ 呢"表示动作正在进行。Însușirea structurii „（正）在 +V" și „ 在 / 正 / 正在 + V······+ 呢 " pentru a exprima acțiuni în curs de desfășurare.

3. 学会用"是······的"句强调地点。Însușirea structurii „ 是······的 " pentru a accentua locul.

4. 理解含有"学"的常用词语。Înțelegerea cuvintelor uzuale care conțin elementul lexical „ 学 ".

5. 学会书写车字旁（车）以及汉字"轮"和"辆"。Învățăm să scriem radicalul „ 车 " (vehicul), precum și caracterele „ 轮 " și „ 辆 ".

6. 了解汉语水平考试（HSK）。Învățăm despre examenul de limba chineză (HSK).

热身 Exercițiu introductiv

读一读下列词语，然后仿照例子跟同伴说一说。Ascultați înregistrarea și, urmând modelul, folosiți cuvintele de mai jos pentru a realiza un dialog cu un coleg de clasă.

例　她在<u>睡觉</u>。

睡觉
shuìjiào

做饭
zuòfàn

看书
kànshū

走路
zǒulù

打　电话
dă diànhuà

米鲁娜： 爸爸，你回来了！
Mǐlǔnà： Bàba, nǐ huílai le!

爸爸： 是啊。你在做什么呢？
Bàba： Shì a. Nǐ zài zuò shénme ne?

米鲁娜： 我在学习 中文 呢。下个月我要考 HSK，
Mǐlǔnà： Wǒ zài xuéxí Zhōngwén ne. Xià ge yuè wǒ yào kǎo HSK,

是一个 非常 重要 的 汉语 水平 考试。
shì yí ge fēicháng zhòngyào de Hànyǔ shuǐpíng kǎoshì.

爸爸： 妈妈 呢？
Bàba： Māma ne?

米鲁娜： 妈妈在 做饭。艾米丽也在 我们 家。
Mǐlǔnà： Māma zài zuòfàn. Àimǐlì yě zài wǒmen jiā.

爸爸： 谁 是 艾米丽？
Bàba： Shéi shì Àimǐlì?

米鲁娜： 她是我的 网友，是 美国人。 我们 是 在 网
Mǐlǔnà： Tā shì wǒ de wǎngyǒu, shì Měiguórén. Wǒmen shì zài wǎng

上 认识 的。
shang rènshi de.

一起去中国学习中文。
Mergem împreună în China să învăţăm limba chineză.

第11课

课文 2 Text 2 🎧 11-02

爸爸 回来 的 时候，妈妈 正在 做饭，我 和 艾米丽
Bàba huílai de shíhou, māma zhèngzài zuòfàn, wǒ hé Àimǐlì

在 我 的 房间 学习 中文。我 的 房间 在 楼上，爸爸 妈妈 的
zài wǒ de fángjiān xuéxí Zhōngwén. Wǒ de fángjiān zài lóu shàng, bàba māma de

房间 在 楼下。我们 想 参加 这 次 的 汉语 水平 考试，
fángjiān zài lóu xià. Wǒmen xiǎng cānjiā zhè cì de Hànyǔ shuǐpíng kǎoshì,

然后 一起 去 中国 学习 中文。
ránhòu yìqǐ qù Zhōngguó xuéxí Zhōngwén.

在
zài
tocmai

考
kǎo
a da examen /test, a examina

重要
zhòngyào
important

水平
shuǐpíng
nivel

考试
kǎoshì
test, examen

做饭
zuòfàn
a găti

美国人
Měiguórén
american

网 上
wăng shang
online

正在
zhèngzài
acum, în acest moment

楼 上
lóu shàng
la etaj

楼 下
lóu xià
la parter

参加
cānjiā
a participa

语言应用 Gramatică

● 进行态：表示动作正在进行 Exprimarea acțiunii aflate în desfășurare

动词前加上副词"（正）在"表示动词正在进行。有两种形式：（1）"（正）在＋动词（短语）"；（2）"在/正/正在＋动词（短语）＋呢"。În fața verbului se poate adăuga adverbul „（正）在" pentru a exprima faptul că acțiunea este în desfășurare. Există două forme: （1）„（正） 在 ＋ Verb"; （2）„在/正/正在 ＋ Verb ＋ 呢".

例	Subiect	（正）在	Verb	（呢）
	我	正在	学习中文	（呢）。
	妈妈	在	做饭	（呢）。
	艾米丽	在	做什么	（呢）？

"没（在）＋动词/动词词组"表示否定，句尾不能用"呢"。例如：Structura „没（在）＋ Verb/ grup de verbe" exprimă forma negativă; la sfârșitul propoziției nu se poate folosi „呢".

例	Subiect	没（在）	Verb
	我	没在	看电视。
	爸爸	没在	工作。
	他	没在	看书。

- "是……的"句：强调地点 Structura „ 是……的 " exprimă o accentuare a locului

在已经知道的事情在过去发生或完成的情况下，使用"是……的"强调事情发生的地点。肯定句和疑问句中的"是"可以省略，否定句中"是"不能省略，否定词用"不"。Atunci când se face referire la o acțiune care deja a avut loc, se poate folosi structura „ 是 …… 的 "pentru a scoate în evidență locul. În propoziția afirmativă sau în propoziția interogativă „ 是 " poate fi omis, dar în propoziția negativă acest lucru nu este posibil, ci trebuie să se folosească adverbul " 不 ".

Subiect	（是）	Loc	Verb	的
我们	（是）	在网上	认识	的。
苹果	（是）	在哪里	买	的？
她	（是）	从中国	来	的。

否定形式：Forma negativă:

Subiect	不	是	Loc	Verb	的
我们	不	是	在网上	认识	的。
这本书	不	是	在中国	买	的。
她	不	是	从中国	来	的。

跟我读 Repetați după mine 🎧 11-04

理解"学"的含义，读一读，将词语与对应的罗马尼亚语连起来。Familiarizați-vă cu sensurile cuvântului „ 学 "și apoi realizați corespondențele dintre cuvintele în limba chineză și cele în limba română.

上学	学习	学生	数学
shàngxué	xuéxí	xuéshēng	shùxué
●	●	●	●
●	●	●	●
a învăța	student	a merge la școală	matematică

活动与练习 Activități și exerciții

1 听一听。Exerciții de audiție.

听录音，大声朗读。Ascultați înregistrarea, iar apoi citiți cu voce tare. 🎧 11-05

①

正	在
正在	

②

汉语	水平	考试
汉语水平考试		

2 读句子，与图片连线。Citiți propozițiile și realizați corespondența între propoziții și imagini.

（1）他们在参加汉语水平考试。

（2）她在房间玩电脑呢。

（3）妈妈正在做饭呢。

（4）他们在学习中文呢。

3 看图完成对话。Priviți cu atenție imaginile și completați dialogurile corespunzătoare.

（1）A：你明天有什么考试？

　　　B：_____。

（2）A：她正在做什么呢？

　　　B：_____。

4 制订旅行计划。**Stabilirea unui plan de călătorie.**

跟好朋友一起制订一个旅行计划，可参考以下提示。Alcătuiţi un plan de călătorie, împreună cu prietenii. Puteţi consulta şi cuvintele suplimentare.

（1）你们想去哪里旅游？

（2）你们想怎么去？

（3）你们什么时候去？

（4）你们在那儿玩几天？

写一写 Exerciţiu de scriere

- 车字旁 Radicalul *vehicul*

车

车字旁的汉字一般和车辆、车轮有关系。Caracterele cu radicalul 车 – *vehicul* au legătură cu maşinile, roţile etc.

lún

轮

轮	轮	轮	轮	轮	轮	轮	轮

liàng

辆

辆	辆	辆	辆	辆	辆	辆	辆
辆	辆	辆					

你知道吗？ Știați că?

汉语水平考试（HSK）
Examenul de limba chineză (HSK)

　　HSK 是中国"汉语水平考试"拼音的缩写，每年定期在中国国内和海外举办，凡考试成绩达到规定标准者，可获得相应等级的"汉语水平证书"。如果到中国留学，一般都会要求具有相关的证书。**HSK** este acronimul pentru *Hanyu Shuiping Kaoshi* - Test de competență lingvistică pentru limba chineză. HSK se desfășoară anual, în mod regulat, atât în China cât și în străinătate. Toți cei care obțin rezultate conform standardului pot primi un certificat de competențe lingvistice pentru limba chineză. Dacă vreți să mergeți să studiați în China, cu siguranță vă va trebui o astfel de diplomă.

任务
Temă
了解一下在罗马尼亚有几个汉语水平考试的考点、每年大概举办多少次考试。
Câte sedii unde se poate susține examinarea HSK sunt în România? De câte ori pe an se poate susține această examinare?

第 **12** 课　你为什么想去中国？

Lecția 12　　De ce vrei să mergi în China?

学习目标 Obiectivele învățării

1. 能简单表述原因。Însușirea expresiilor simple pentru a explica motivul.

2. 学会概数的用法。Însușirea folosirii numeralului aproximativ.

3. 学会因果复句。Deprinderea folosirii propoziției cauzale.

4. 理解含有"上"的常用词语。Înțelegerea cuvintelor uzuale care conțin elementul lexical „上".

5. 学会书写贝字旁（贝）以及汉字"财"和"贵"。Învățăm să scriem radicalul „贝" (scoică), precum și caracterele „财" și „贵".

6. 了解中国传统的益智游戏。Învățăm despre jocurile chinezești tradiționale.

热身 Exercițiu introductiv

你想去哪个国家旅游？跟老师和同学们说一说原因。Unde ți-ar plăcea să călătorești ? Spune-le profesorului și colegilor care sunt motivele?

罗马尼亚
Luómǎníyà

中国
Zhōngguó

美国
Měiguó

英国
Yīngguó

法国
Fǎguó

德国
Déguó

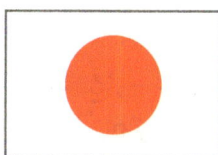
日本
Rìběn

韩国
Hánguó

埃列娜： 你 在 看 什么 呢？
Āiliènà : Nǐ zài kàn shénme ne?

米鲁娜： 我 在 看 中国 地图。我 明年 想 去 中国。
Mǐlǔnà : Wǒ zài kàn Zhōngguó dìtú. Wǒ míngnián xiǎng qù Zhōngguó.

埃列娜： 你 为 什么 想 去 中国？
Āiliènà : Nǐ wèi shénme xiǎng qù Zhōngguó?

米鲁娜： 因为 我 想 去 中国 学习 中文，也 想 去
Mǐlǔnà : Yīnwèi wǒ xiǎng qù Zhōngguó xuéxí Zhōngwén, yě xiǎng qù

　　　　 中国 旅游。
　　　　 Zhōngguó lǚyóu.

埃列娜： 你 和 谁 一起 去？
Āiliènà : Nǐ hé shéi yìqǐ qù?

米鲁娜： 我 和 艾米丽 一块儿 去。她 会 三 门 外语。她
Mǐlǔnà : Wǒ hé Àimǐlì yíkuàir qù. Tā huì sān mén wàiyǔ. Tā

　　　　 教 我 英语，我 教 她 罗马尼亚语。
　　　　 jiāo wǒ Yīngyǔ, wǒ jiāo tā Luómǎníyàyǔ.

你为什么想去中国？
De ce vrei să mergi în China?

第**12**课

课文 2 Text 2 🎧 12-02

我 是 米鲁娜，学习 中文 三 年 了。我 每 天 看
Wǒ shì Mǐlǔnà, xuéxí Zhōngwén sān nián le. Wǒ měi tiān kàn

一 个 小时 中文 书。我 觉得 说 中文 和 写 汉字
yí ge xiǎoshí Zhōngwén shū. Wǒ juéde shuō Zhōngwén hé xiě Hànzì

不 一样，说 中文 不 难，写 汉字 很 难。我 常常
bù yíyàng, shuō Zhōngwén bù nán, xiě Hànzì hěn nán. Wǒ chángcháng

上网，今年 在 网 上 认识了 几 个 中国 朋友。因为
shàngwǎng, jīnnián zài wǎng shang rènshile jǐ ge Zhōngguó péngyou. Yīnwèi

他们 说 中国 有 很 多 好玩儿 的 地方，中国人 也 很
tāmen shuō Zhōngguó yǒu hěn duō hǎowánr de dìfang, Zhōngguórén yě hěn

友好，所以 我 明年 想 去 中国 旅游。
yǒuhǎo, suǒyǐ wǒ míngnián xiǎng qù Zhōngguó lǚyóu.

词语 Cuvinte 🎧 12-03

因为
yīnwèi
pentru că

门
mén
clasificator
pentru curs

外语
wàiyǔ
limbă străină

为 什么
wèi shénme
de ce

教
jiāo
a preda

一样
yíyàng
la fel

难
nán
greu, dificil

上网
shàngwǎng
a naviga pe
internet

几
jǐ
câțiva, câteva

友好
yǒuhǎo
prietenos

所以
suǒyǐ
de aceea

语言应用 Gramatică

● 概数的表达：几 Exprimarea numeralului aproximativ „几"

数词"几"可以表示 10 以内的不定个数，"几"的后面要有量词。Cu ajutorul lui „几" se poate exprima un număr aproximativ, cu intervalul până în 10. După „几" trebuie să se folosească numeral.

> 例 （1）今年，我在网上认识了几个中国朋友。
>
> （2）他上网买了几本书。

"几"可以用在"十"的后面，表示大于 10 小于 20 的数字，如"十几个人"；也可以用在"十"的前面，表示大于 20 小于 100 的数字，如"几十个人"。„几" se poate folosi după „十" pentru a exprima o aproximare a unui număr cuprins între 10 și 20. Se poate folosi, de asemenea, și înainte de „十", dar în acest caz este vorba de aproximarea zecilor, respectiv de zeci mai mari de 20 și mai mici de 100. Spre exemplu: 几十个人 (câteva zeci de oameni).

● 因果复句：因为……，所以……Propoziția cauzativă „因为……，所以……"

"因为……，所以……"连接两个表示因果关系的分句，"因为"后的分句表示原因，"所以"后的分句表示结果。Pentru a exprima relația cauză – efect, se poate folosi structura „ 因为……, 所以……", în care după 因为 se introduce cauza, iar după 所以 se exprimă efectul.

例 (1) 因为他每天跑步，所以身体很好。

(2) 因为下雨了，我们没有去公园。

(3) 中国有很多好玩儿的地方，中国人也很友好，所以我明年想去中国旅游。

跟我读 Repetați după mine 🎧 12-04

理解"上"的含义，读一读，将词语与对应的罗马尼亚语连起来。Familiarizați-vă cu sensurile cuvântului „ 看" și apoi realizați corespondențele dintre cuvintele în limba chineză și cele în limba română.

楼 上
lóu shàng
●

上楼
shànglóu
●

上网
shàngwǎng
●

网 上
wǎng shang
●

●
la etaj

●
a naviga pe internet

●
pe internet

●
a urca la etaj

活动与练习 Activități și exerciții

1 听一听。Exerciții de audiție.

(1) 听录音，大声朗读。Ascultați înregistrarea, apoi citiți cu voce tare. 🎧 12-05

1	**2**	**3**
为什么	中文	好玩儿
因为	英语	友好
所以	外语	高兴

（2）听录音，圈出你听到的音节。Ascultați înregistrarea și încercuiți silabele pe care le auziți.

🎧 12-06

① míngnián   míngliàng   ② shàngwǎng   wǎngshang

③ Hànyǔ   wàiyǔ   ④ lóu shàng   lóu xià

⑤ yīnwèi   suǒyǐ   ⑥ Zhōngwén   Zhōngguó

⑦ hǎoyǒu   yǒuhǎo   ⑧ yíyàng   yìyàng

2 选择合适的词语完成句子。Alegeți cuvintele potrivite și completați propozițiile.

A 难   B 为什么   C 明年   D 几

（1）我们 _____ 一起去中国。

（2）中文很 _____，但很有意思。

（3）你 _____ 学习中文？

（4）我去超市买了 _____ 个苹果。

3 根据所给词语完成对话。Completați dialogurile folosind cuvintele din paranteze.

（1）A：你什么时候参加 HSK 考试？

B：_____。（明年）

（2）A：_____？（为什么）

B：因为我想去中国学习中文。

（3）A：你为什么想去克卢日旅游？

B：_____。（好玩儿）

4 双人活动。Activitate în perechi.

参考以下表格，了解一下同伴的中文学习情况。Consultă tabelul de mai jos și află care este situația învățării limbii chineze, în cazul prietenului tău.

问 Întrebare	答 Răspuns	原因 Cauză
（1）你喜欢读课文还是写汉字？		
（2）你想参加 HSK 考试吗？		
（3）你想去中国学习中文吗？		

写一写 Exercițiu de scriere

- 贝字旁 Radicalul *scoică*

贝字旁的汉字一般跟钱财、货币、交易有关系。Caracterele cu radicalul 贝 - *scoică* în general au legătură cu bogăția, bunăstarea.

cái

guì

你知道吗？ Știați că?

中国传统的益智游戏
Jocurile chinezești tradiționale

中国教育重视寓教于乐，有很多传统益智玩具至今仍受人欢迎，比如"九连环""孔明锁""七巧板"等。其中著名的拼图玩具七巧板可以拼出上千个图形。Educația în China antică a acordat din totdeauna o foarte mare importanță învățării prin jocuri, iar multe astfel de jocuri tradiționale încă au rămas populare și azi, precum: *Nouă inele, Încuietorile Kongming* sau *Tangram*. Dintre toate aceste jocuri faimoase, *Tangram* poate avea mii de rezolvări.

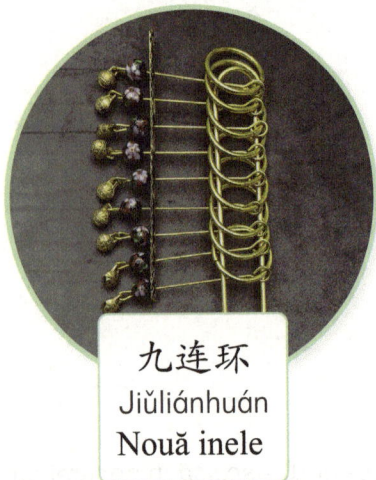

七巧板
Qīqiǎobǎn
Tangram

九连环
Jiǔliánhuán
Nouă inele

孔明锁
Kǒngmíngsuǒ
Încuietorile Kongming

任务
Temă

说一说：罗马尼亚有哪些益智游戏？
Prezintă jocuri asemănătoare care se practică în România.

复习课 2
Recapitulare 2

1 听一听。**Exercițiu de audiție.**

听录音，判断正误。Ascultați înregistrarea și stabiliți dacă propozițiile sunt corecte sau greșite.

🎧 F02-01

（1）米哈伊星期六和家人去了克卢日。 （　　）

（2）他们最后是坐火车去的。 （　　）

（3）米哈伊觉得克卢日很漂亮。 （　　）

2 说一说。**Exercițiu de vorbire.**

给下面三个句子排序，说一说米鲁娜在做什么；有什么打算。Puneți în ordine cele 4 propoziții de mai jos și stabiliți ce face Miruna și ce planuri are.

（1）因为她下个月要考 HSK。

（2）米鲁娜正在学习中文呢。

（3）所以现在每天学两个小时的中文。

_____

3 读一读。**Exercițiu de citire.**

阅读短文，回答下面的问题。Citiți fragmentul de mai jos și răspundeți la întrebări.

米鲁娜和朋友一块儿去旅游了。她们是前天去的。她
Mǐlǔnà hé péngyou yíkuàir qù lǚyóu le. Tāmen shì qiántiān qù de. Tā

和朋友 先 坐 地铁 到 火车站，然后 坐了 两个小时 火车
hé péngyou xiān zuò dìtiě dào huǒchēzhàn ránhòu zuòle liǎng ge xiǎoshí huǒchē

去康斯坦察。康斯坦察 在布加勒斯特的 东边。她们在那儿
qù Kāngsītǎnchá. Kāngsītǎnchá zài Bùjiālèsītè de dōngbian. Tāmen zài nàr

玩了两 天，去了很 多 有 意思的 地方。她是昨天 回来
wánle liǎng tiān, qùle hěn duō yǒu yìsi de dìfang. Tā shì zuótiān huílai

的。米鲁娜觉得出去旅游太累了，所以她回到家就
de. Mǐlǔnà juéde chūqu lǚyóu tài lèi le, suǒyǐ tā huídào jiā jiù

睡觉了。
shuìjiào le.

（1）米鲁娜是什么时候去旅游的？

_____

（2）米鲁娜和朋友坐了多长时间的火车？

_____

（3）康斯坦察在哪儿？

_____

④ 写一写。**Exercițiu de scriere**

请写出带下列偏旁的汉字。Scrieți caractere care să conțină radicalii de mai jos.

亻				衤			
竹				土			
车				贝			

生词表
Vocabular

B

生词 cuvânt	拼音 pronunție	课号 lecție	译文 traducere	生词 cuvânt	拼音 pronunție	课号 lecție	译文 traducere
吧	ba	1	particula *ba*	比	bǐ	5	decât, față de…(pentru exprimarea comparație)
白	bái	6	alb				
白天	báitiān	4	în timpul zilei				
北边 *	běibian	10	nord	别的	bié de	10	altul, alta
脖子 *	bózi	5	gât	不用	búyòng	2	nu este nevoie

C

生词 cuvânt	拼音 pronunție	课号 lecție	译文 traducere	生词 cuvânt	拼音 pronunție	课号 lecție	译文 traducere
参加	cānjiā	11	a participa	车站	chēzhàn	1	stație de autobuz
长	cháng	5	lung				
常	cháng	3	des	出去	chūqu	4	a ieși
常常	chángcháng	3	des, adesea	穿	chuān	4	a purta
长颈鹿 *	chángjǐnglù	5	girafă				

D

生词 cuvânt	拼音 pronunție	课号 lecție	译文 traducere	生词 cuvânt	拼音 pronunție	课号 lecție	译文 traducere
打车	dǎchē	8	a chema un taxi	大象 *	dàxiàng	5	elefant
打电话	dǎ diànhuà	2	a da telefon	德布莱尼	Débùláiní	10	Dăbuleni
大多数	dàduōshù	8	marea majoritate	等	děng	10	a aștepta
				地方	dìfang	7	loc
				地铁	dìtiě	8	metrou

生词 cuvânt	拼音 pronunție	课号 lecție	译文 traducere
地图	dìtú	9	hartă
电话	diànhuà	2	telefon
电影院	diànyǐngyuàn	3	cinematograf

生词 cuvânt	拼音 pronunție	课号 lecție	译文 traducere
东边*	dōngbian	10	est
度假	dùjià	9	a petrece vacanța
短	duǎn	5	scurt

F

生词 cuvânt	拼音 pronunție	课号 lecție	译文 traducere
发烧*	fāshāo	1	a avea febră
方便	fāngbiàn	8	convenabil, la îndemână
房子	fángzi	6	casă

生词 cuvânt	拼音 pronunție	课号 lecție	译文 traducere
飞机	fēijī	7	avion
非常	fēicháng	4	extrem de
分钟	fēnzhōng	2	minut

G

生词 cuvânt	拼音 pronunție	课号 lecție	译文 traducere
干	gàn	3	a face
干净	gānjìng	6	curat
感觉	gǎnjué	2	a (se) simți
高	gāo	5	înalt
高铁	gāotiě	8	tren de mare viteză
高中生	gāozhōngshēng	5	elev (de liceu)

生词 cuvânt	拼音 pronunție	课号 lecție	译文 traducere
个子	gèzi	5	statură, înălțime
给	gěi	2	pentru
跟	gēn	1	cu, împreună cu
公共汽车	gōnggòng qìchē	1	autobuz

H

生词 cuvânt	拼音 pronunție	课号 lecție	译文 traducere
好看	hǎokàn	5	frumos
好玩儿	hǎowánr	7	distractiv
号码	hàomǎ	2	număr

生词 cuvânt	拼音 pronunție	课号 lecție	译文 traducere
还是	háishi	3	sau (folosit în propozițiile interogative)

黑	hēi	6	negru
后来 *	hòulái	复习课 1	după aceea
黄色	huángsè	6	galben, blond

回到	huídào	9	a se întoarce la…
回来	huílai	10	a se întoarce
火车	huǒchē	7	tren
火车站	huǒchēzhàn	8	gară

J

生词 cuvânt	拼音 pronunție	课号 lecție	译文 traducere
几	jǐ	12	câțiva, câteva
机票	jīpiào	7	bilet de avion
家	jiā	9	familie, casă
家人	jiārén	7	membru al familiei
假期	jiàqī	8	vacanță
件	jiàn	4	clasificator pentru obiecte de îmbrăcăminte

生词 cuvânt	拼音 pronunție	课号 lecție	译文 traducere
教	jiāo	12	a preda
教室	jiàoshì	6	sală de clasă
近	jìn	2	aproape
进	jìn	3	a intra
进来	jìnlai	3	a intra
久	jiǔ	8	mult timp
就	jiù	9	chiar, într-adevăr
觉得	juéde	9	a crede, a considera

K

生词 cuvânt	拼音 pronunție	课号 lecție	译文 traducere
开车	kāichē	7	a conduce mașina
看病	kànbìng	1	a face un control medical
康斯坦察	Kāngsītǎnchá	10	Constanța
考	kǎo	11	a da examen/test, a examina

生词 cuvânt	拼音 pronunție	课号 lecție	译文 traducere
考试	kǎoshì	11	test, examen
可以	kěyǐ	2	a putea, a avea voie
克卢日	Kèlúrì	8	Cluj
课文	kèwén	3	text
快	kuài	7	repede

L

生词 cuvânt	拼音 pronunție	课号 lecție	译文 traducere	生词 cuvânt	拼音 pronunție	课号 lecție	译文 traducere
累	lèi	8	obosit	楼上	lóu shàng	11	la etaj
冷	lěng	4	frig	楼下	lóu xià	11	la parter
离	lí	2	a fi la distanță de.., față de	旅游	lǚyóu	9	excursie, a face o excursie

M

生词 cuvânt	拼音 pronunție	课号 lecție	译文 traducere	生词 cuvânt	拼音 pronunție	课号 lecție	译文 traducere
慢	màn	9	încet	门口	ménkǒu	1	intrare
美国人	Měiguórén	11	american	明年 *	míngnián	10	anul viitor
门	mén	12	ușă, poartă				

N

生词 cuvânt	拼音 pronunție	课号 lecție	译文 traducere	生词 cuvânt	拼音 pronunție	课号 lecție	译文 traducere
哪里	nǎli	7	unde	难	nán	12	greu, dificil
那里	nàli	7	acolo	能	néng	3	a putea
男孩儿	nánháir	5	băiat	女孩儿	nǚháir	5	fată
南边 *	nánbian	10	sud				

P

生词 cuvânt	拼音 pronunție	课号 lecție	译文 traducere	生词 cuvânt	拼音 pronunție	课号 lecție	译文 traducere
胖	pàng	6	gras	漂亮	piàoliang	5	frumos

Q

生词 cuvânt	拼音 pronunție	课号 lecție	译文 traducere	生词 cuvânt	拼音 pronunție	课号 lecție	译文 traducere
前年 *	qiánnián	10	acum doi ani	请	qǐng	3	a ruga
前天	qiántiān	10	alaltăieri	请假	qǐngjià	1	a se învoi
晴天	qíngtiān	4	senin	去年	qùnián	10	anul trecut

R

生词 cuvânt	拼音 pronunție	课号 lecție	译文 traducere	生词 cuvânt	拼音 pronunție	课号 lecție	译文 traducere
然后	ránhòu	8	după aceea	认识	rènshi	10	a cunoaște
热	rè	4	cald				

S

生词 cuvânt	拼音 pronunție	课号 lecție	译文 traducere	生词 cuvânt	拼音 pronunție	课号 lecție	译文 traducere
商场	shāngchǎng	9	magazin	手机	shǒujī	7	telefon mobil
上次	shàng cì	8	data trecută	瘦	shòu	6	slab
上网	shàngwǎng	12	a naviga pe internet	舒服	shūfu	1	confortabil, plăcut
身体	shēntǐ	1	corp, sănătate	帅	shuài	5	chipeș, frumos
生病	shēngbìng	1	a se îmbolnăvi	水果	shuǐguǒ	10	fructe
时候	shíhou	5	timp, perioadă	水平	shuǐpíng	11	nivel
				速度	sùdù	8	viteză
				所以	suǒyǐ	12	de aceea

T

生词 cuvânt	拼音 pronunţie	课号 lecţie	译文 traducere
太	tài	4	prea
天气	tiānqì	4	vreme
甜	tián	10	dulce
听写	tīngxiě	3	dictare
头发	tóufa	5	păr

生词 cuvânt	拼音 pronunţie	课号 lecţie	译文 traducere
头疼	tóuténg	1	a avea durere de cap
图尔达盐矿	Tú'ěrdá Yánkuàng	9	Salina Turda

W

生词 cuvânt	拼音 pronunţie	课号 lecţie	译文 traducere
外语	wàiyǔ	12	limbă străină
晚饭	wǎnfàn	9	cină
网上	wǎng shang	11	online
网友	wǎngyǒu	6	prieten de pe internet

生词 cuvânt	拼音 pronunţie	课号 lecţie	译文 traducere
为什么	wèi shénme	12	de ce
位	wèi	2	clasificator (de politeţe)
喂	wèi	2	alo!
午饭	wǔfàn	9	masa de prânz

X

生词 cuvânt	拼音 pronunţie	课号 lecţie	译文 traducere
西边 *	xībian	10	vest
西北	xīběi	10	nord-vest
西瓜	xīguā	10	pepene roşu
锡纳亚	Xīnàyà	7	Sinaia
锡比乌	Xībǐwū	7	Sibiu
下次	xià cì	8	data viitoare
下雨	xiàyǔ	4	a ploua
夏宫	Xiàgōng	7	Palatul Peleş

生词 cuvânt	拼音 pronunţie	课号 lecţie	译文 traducere
先	xiān	4	mai întâi
小时	xiǎoshí	8	oră (ca durată)
行	xíng	1	a merge
新	xīn	6	nou
休息	xiūxi	9	a se odihni, pauză
学校	xuéxiào	1	şcoală

Y

生词 cuvânt	拼音 pronunție	课号 lecție	译文 traducere	生词 cuvânt	拼音 pronunție	课号 lecție	译文 traducere
眼睛	yǎnjing	5	ochi	用	yòng	7	a folosi
一块儿	yíkuàir	9	împreună	友好	yǒuhǎo	12	prietenos
一样	yíyàng	12	la fel	有名	yǒumíng	7	renumit
衣服	yīfu	4	haină	雨	yǔ	4	ploaie
因为	yīnwèi	12	pentru că	远	yuǎn	2	departe
阴天	yīntiān	4	înnorat				

Z

生词 cuvânt	拼音 pronunție	课号 lecție	译文 traducere	生词 cuvânt	拼音 pronunție	课号 lecție	译文 traducere
再	zài	4	apoi, după	中国菜	Zhōngguó cài	4	mâncare chinezească
在	zài	11	tocmai	重要	zhòngyào	11	important
怎么样	zěnmeyàng	4	cum	周末	zhōumò	3	week-end
找到	zhǎodào	7	a găsi	住	zhù	10	a locui
真	zhēn	5	într-adevăr	准备	zhǔnbèi	9	a se pregăti
真的	zhēnde	8	într-adevăr	走路	zǒulù	9	a merge pe jos
正在	zhèngzài	11	acum, în acest moment	最后	zuìhòu	8	în cele din urmă
中餐馆	zhōngcānguǎn	8	restaurant chinezesc	坐	zuò	1	a sta jos
				做饭	zuòfàn	11	a găti

读者意见反馈

为收集对教材的意见建议，进一步完善教材编写并做好服务工作，读者可将对本教材的意见建议通过如下渠道反馈至我社。

咨询电话　0086-10-58581350

反馈邮箱　xp@hep.com.cn

通信地址　北京市朝阳区惠新东街 4 号富盛大厦 1 座

　　　　　高等教育出版社海外出版事业部（国际语言文化出版中心）

邮政编码　100029